MW01630995

BESTSELLER

Daniela Di Segni es coautora con Hilda V. Levy de *Mujeres de cincuenta. Pequeño Manual Ilustrado de Supervivencia*, título que figuró más de treinta semanas en las listas de best-sellers y ya superó los sesenta y cinco mil ejemplares de venta. *Busco al hombre de mi vida. Marido ya tuve*, editado en 2001, figuró más de diez semanas en las listas de best-sellers y ésta es su cuarta edición. Estos dos títulos fueron editados en México y en Brasil. En 2002 presentó *¿Hace calor o soy yo? Todas tus preguntas sobre climaterio y hormonas. Todas las respuestas del médico*, en colaboración con el Dr. Eduardo Depiano. Es empresaria, periodista gastronómica, editora del boletín electrónico D@tos de D@niela y colaboradora de varios medios gráficos y radiales. Con anterioridad escribió, como Daniela Sagel, siete libros de cocina. Cuando puede, es escultora aficionada.

Podés comunicarte con ella en:

disegni@fibertel.com.ar

www.danieladisegni.com.ar

DANIELA DI SEGNI

Busco al hombre de mi vida
Marido ya tuve

DEBOLS!LLO

Ilustraciones de interior y tapa: PENI

Di Segni, Daniela
Busco al hombre de mi vida : marido ya tuve - 2ª ed. - Buenos Aires : Debolsillo, 2006.
160 p. ; 19x13 cm. (Best Seller)

ISBN 987-566-086-8

1. Relaciones Interpersonales I. Título
CDD 158.2.

Primera edición: marzo de 2001
Quinta edición y segunda bajo este sello: septiembre de 2006

Impreso en la Argentina
ISBN 10: 987-566-086-8
ISBN 13: 978-987-566-086-1

www.edsudamericana.com.ar

Publicado por Debolsillo bajo licencia de Editorial Sudamericana S.A.®

A Marti, que se fue a destiempo sin saber
que me ayudaba a abrir la puerta.

A Simonetta, que entendió todo
tan bien pero tan tarde.

A las mujeres que no se animan
porque piensan que es muy difícil.

A los hombres que nos enseñan tanto
sin darse cuenta.

AGRADECIMIENTOS

A Marcelo, a Gabriel y Mariela. Porque nunca me reprocharon nada y porque trataron de que todo fuera más fácil.

A mi familia que festejó en las buenas y jamás me falló en las malas.

A mis amigas del alma (ellas saben quiénes son...). Porque sin ellas una parte de este camino hubiera sido muy duro y porque me escucharon y retaron cada vez que lo necesité.

A todos los Carlos de mi vida: los amigos que se animaron a abrir su corazón (ellos saben quiénes son...) para contarme cómo son las cosas "del otro lado" y los que se acercaron a ayudarme en los momentos difíciles (ellos también saben quiénes son...).

A Carlos el memorioso. Porque me hizo mucho bien, después de cuarenta años, pensar que las canciones de Sandro y de Cortés pueden ser ciertas.

A Hilda, Mercedes y Nora, pacientes lectoras de mis manuscritos.

PRÓLOGO

Nunca es triste la verdad.
Lo que no tiene es remedio.
Joan Manuel Serrat.

He vivido unos días de costado.
Otros sin saber
dónde estaba el horizonte.
Me escondí detrás de las puertas,
de los árboles, de las ventanas.
Busqué algunas cosas
sin saber por qué las añoraba.
Me sentí culpable,
inútil,
demasiado joven,
o demasiado vieja.
Disfruté algunas flores
y perdí muchos amaneceres.

Al final, una mañana,
conté mis arrugas,
una por una,
y decidí vivir.

EMPECEMOS

Estuve casada muchos años, más de treinta; por eso busco al hombre de mi vida, no a un marido.

La mayoría de las mujeres que conozco entendería este razonamiento sin demasiadas dificultades. El problema grave se origina en que quienes no lo entienden son los hombres. Ergo, en este punto nace uno de nuestros grandes desencuentros.

¿ESTADO CIVIL?

Si en este momento me preguntaran cuál es mi estado civil, la descripción más adecuada sería: *divorciada entre novios*. Aunque la palabra novio me suene a pasado pluscuamperfecto. No nos engañemos, tuve catorce años, la edad de Julieta, hace demasiado tiempo.

Debe ser pareja lo que busco. ¿Pareja? La palabra supone paridad y yo no sé si aguantaría a alguien como yo. No obstante, le he dedicado largas horas de análisis a este tema para llegar a la conclusión de que lo que más se aproxima a lo que busco es un novio cama afuera. La dificultad práctica es que escasean los voluntarios.

PARA TODO HAY UNA PRIMERA VEZ

Para escribir este libro también.

Como aquella tarde en la que, mientras tomaba un café con una amiga, sentí que esto había que contarlo. Para ayudar, para que se supiera cómo son las cosas. O para desahogarme. O para avivar giles. No sé. Quizá por una mezcla de todo esto.

O sea que la idea es generosa. No me guardo la experiencia como la dirección de esa modista buena y barata que vive a la vuelta de casa o los datos del peluquero que no se equivoca jamás en el corte. De ninguna manera. De compartir se trata. Y de difundir esto. Para que los amigos, los muchachos, los varones, los nenes grandes sepan que hace mucho que los observamos y que ¡por fin! empezamos a entender las claves.

SIEMPRE SALE EL SOL

Y la claridad suele llegar después de la oscuridad más intensa.

Esa mañana de la primera semana de marzo todo fue claro en un instante. Si fuera creyente, religiosa o mística diría que tuve una revelación divina. Como soy atea, agnóstica hasta lo imposible, creo que lo que tuve fue una bruta intuición, un diálogo conmigo misma o con mi sabio interior como suele decirse en estos días de New Age y posmodernidad. Sé que ese día mi vida cambió para siempre después del momento en que pensé: "Si sigo así un día más me enfermo y me muero".

Desde entonces pasé por muchas situaciones diferentes; supe de grandes alegrías y enormes dolores. Pero sigo creyendo que las crisis/oportunidades son momentos que nos ofrece la vida para los grandes aprendizajes. Desde entonces tengo más claro dónde quedan el sufrimiento y la felicidad y puedo medirlos con varas diferentes. Sé de qué me hablan cuando los nombran porque estuve allí.

Ocurre, asimismo, que provengo de una familia de sabihondos y suicidas que me inculcaron poder de observación y de análisis. Esto no deja de ser una desgracia porque se vive mucho mejor sin estos dones pero, ya que los tengo, he decidido aprovecharlos.

Finalmente, a esta altura de mi vida, igual que la mayor parte de las mujeres que comparten mi generación, ya cumplí con los mandatos que me fueron asignados.

HOLA, ¿ESTÁS?

Me gusta iniciar este libro pensando que del otro lado hay alguien que me lee, un interlocutor o interlocutora a quienes puedo hablarles.

En días de buen humor tiendo a pensar que hay muchísimas personas interesadas en compartir lo que escribo. Otras veces, comparo y empiezo a sentirme pésimo. Porque me convenzo de que a todas las demás les va mejor que a mí; que yo soy la única que no consigue un tipo como la gente (sea lo que fuere que eso signifique por el momento) y entonces me parece que a nadie le va a interesar lo que relate aquí. Víctima de mi profunda honestidad, debo confesar que también me encanta despertar envidia cuando la pego y me toca un período, de esos que no abundan, en los que estoy acompañada por un dios.

DE LA VIDA SE TRATA

Para que este prólogo fuera completo debiera anunciarlo todo. Pues bien, resumamos: se trata de la vida. Aquí, en Buenos Aires, a orillas del río de la Plata, a mediados del año 2000, en una sociedad que rompió casi todos los esquemas pero todavía no se sentó a pegar un pedazo con otro.

Como mi optimismo natural me impide ser pesimista, no me resigno a dejar de soñar. Aun después de tantas idas y venidas, espero encontrar, o que me encuentre, el señor ese del tercer tipo que Clara Coria[1] jura que existe. El que me va a amar y respetar y dejar que yo sea yo, así nomás como soy.

Pero también soy de Piscis y soñadora, lo que me induce a esperar que ese mismo señor algún día me haga llamar por los parlantes de un aeropuerto para decirme que me quiere o que me cubra la cama de rosas y quiera hacer el amor sobre la alfombra. Reconozco que puedo haber visto demasiado cine pero uno de mis mantras preferidos cuando me aburro del *om* es "existe y va a llegar".

Me quedan por hacer dos aclaraciones: la primera, que estas páginas están narradas en primera persona porque me parece más directo, que llega mejor. Y aunque declaro públicamente que no todo lo que cuento me pasó estrictamente a mí, la mayoría de lo relatado tiene que ver conmigo o lo observé yo misma. El resto proviene de muy buenas fuentes (que no me siento obligada a revelar) y debe tomarse como rigurosamente cierto.

La segunda: yo hablo, lógicamente, desde mi edad y mi experiencia cuando ya he pasado, como es público y notorio, el medio siglo. Tengo que decir que me horroriza haber compartido experiencias con chicas de veinticinco y treinta y cinco años a las que les sucede lo mismo. Me dolió particularmente escuchar sus desencuentros a una edad en que la vida debiera ser un vals.

[1] *Los laberintos del éxito*, Clara Coria, Ed. Paidós, Buenos Aires, 1992.

Espero sinceramente que este libro, con el que a veces logro reírme de mí misma y de tantas situaciones difíciles, cumpla con su finalidad: hacer reír a muchas otras personas.

Buenos Aires, agosto de 2000

CAPÍTULO I

¿CUÁL ES LA SITUACIÓN? (O SEA EL AQUÍ Y EL AHORA)

Algunos días mi vida
se rige por las reglas
de la física cuántica.
Y definitivamente todo
parece tender al caos posible.
Entonces lamo mis heridas
y me empeño en sentir el dolor
del enorme peso de la vida
cayendo sobre mis pobres
y cansados huesos.

Otros días,
cuando un sol descarado
baña los lapachos,
mi agnosticismo trastabilla
y creo sospechar que alguien,
en algún lugar,
desde arriba,
me sonríe.

Entonces mi pequeño
brote místico
florece, fuerte y rosado
como un lapacho más.

¿CUÁL ES LA SITUACIÓN? SÍ, ¿CUÁL ES?

¿A vos te parece a veces que se acabaron los hombres? Bueno, a mí también. Porque los veo pasar por la calle pero con otras mujeres. O si van solos no me miran, o me miran y me dicen cosas pero no me ven. Una amiga mía dice que a menudo se siente transparente para todos menos para ella misma.

¿Se entiende lo que te quiero decir?

La verdadera situación es que cada vez hay más gente que no tiene pareja. Mujeres (y hombres) que sienten, como Bonnie Tyler, "un eclipse total del corazón".

Es difícil. El mercado está recesivo. Hay muchas más nenas que nenes.

"¿Por qué[2]" –me pregunta Carlota– "si se supone que nace más o menos el mismo número de varones que de nenas?"

"Todavía no sé", contesto.

DIVORCIO. EL ORIGEN DE LA ESPECIE

Es difícil saber dónde empieza el proceso de un divorcio pero es fácil entender que esa situación origina el personaje principal de este libro: la divorciada. Que junto con las viudas, las separadas y las solteras forma esa masa que parece llenar todos los lugares a los que una va, en grupos de dos, tres o más especímenes.

Hace poco me propuse ordenar viejas fotos. En un sobre amarillento encontré las de la adolescencia, esa estación exageradamente alabada. Me hizo bien regresar por un momento a los años en que mi alma no tenía tantos moretones, parches o medias suelas, a los días en que soñar era posible y donde todo podía parecer muy difícil pero nunca imposible.

Si observamos con cuidado la fotografía de la fiesta de fin de curso de quinto año del Liceo, con su *passepartout* pasado de moda y descolorido, algo se ve muy claro: los vestidos de fiesta que llevábamos resaltaban con claridad nuestros distintos grados de maduración. Y la empañada foto en blanco y negro muestra sin empachos que en esa tarde de noviembre de fines de los cincuenta

[2] Me veo obligada a aclarar que Carlota es alguien a quien no puedo manejar. Se obstina en aparecer de vez en cuando a discutir lo que escribo. Creo que habita dentro de mi computadora, no sé bien por qué se llama Carlota y me he resignado a convivir con ella porque discute y critica pero aporta. *N. de la A.*

las miradas de algunas chicas prometían mucho y las de otras nada. Casi todas cumplimos. Cumplimos con los mandatos, con los planes familiares, con lo que nos parecía que debíamos hacer, con lo que suponíamos que se esperaba de nosotras y también con los fracasos. Así era la cosa en esos tiempos.

Años después, en algún momento no del todo claro, algo se cortó como mayonesa mal batida. Y, víctimas de las sacudidas existenciales de los sesenta y setenta, entramos a replantearnos la vida. A querer ser nosotras y no un cúmulo de mandatos cumplidos sin discutir. Y empezamos a ver que las cosas no eran ni como nos habían prometido ni como habíamos esperado. Que los sueños habían partido en una dirección distinta de nuestras realidades.

Las parejas cambiaron y entraron en crisis y a partir de los años ochenta el divorcio adquirió características de pandemia.

Y llegó el día en que el virus te atacó también a vos. Sí, a vos que creías que te habías casado para siempre y que sin embargo te encontraste con que algo había mutado sin aviso previo. Todo lo que hasta poco tiempo antes te daba seguridad no existía más en el reino de la realidad. El mañana se transformaba en una incógnita y parecían entrar en vigencia las reglas del Reino del Revés[3].

Lamentablemente, a veces el divorcio es la única alternativa.

DIVORCIO. ¿LA ÚNICA ALTERNATIVA?

Los hombres se van sin decir adiós. Las mujeres dicen adiós y no se van para proteger el nido.
Almodóvar

Sí, a veces no queda otra. Sobre todo cuando sentís, como la mayoría de las mujeres que llegan a este punto, que te acorralaron contra las sogas (para usar el lenguaje de ellos), round tras round, esperando que seas vos quien tome la decisión. Las causas pueden ser tantas como las personas. Pero básicamente se reducen a dos o tres, a saber:

- Se casaron muy jóvenes y crecieron en distintas direcciones.
- Buscaste independencia intelectual o económica y el

[3] El Reino del Revés, *Las canciones*, María Elena Walsh, Seix Barral, Buenos Aires, 1996.

Otelo de formación machista militante de quien te enamoraste años atrás no lo toleró.

- Tuviste éxito en alguna actividad y ese señor, que parecía quererte tanto mientras no fueras nadie y te quedaras en casa a cuidar el nido, en vez de sentarse a admirarte y ser feliz compartiendo tu éxito decidió que no podía privarse de competir con vos. Entonces, posiblemente sin querer, se puso a boicotear todo lo que hacías para estar seguro de que nadie, pero nadie en este mundo, pudiera llegar a pensar que eras más capaz que él.
- Te quedaste en casa, esposa y madre, como él te lo pidió hace muchos años, para fundar una familia sólida con la madre presente. Y te dejó porque "sos muy limitada, te quedaste y no lo acompañaste en su crecimiento."
- Vos no sos la misma, tenés otros intereses y necesidades o mayor autoestima y seguridad. Él siguió igual.

Curiosamente esos mismos muchachos se desmayan

de dolor y asombro el día en que decís ¡basta! y decidís divorciarte para salvar tu integridad física y emocional.

"Son unas cuantas las que toman la decisión, ¿no?", pregunta Carlota.

"Sí, y lo importante es ver cómo se sale de la experiencia sin envenenarse ni caer en el cliché de la víctima", respondo yo con tono de sabia.

Siempre recuerdo, porque me ayudó mucho, lo que me escribió una amiga que vive en los Estados Unidos y se divorció unos cuantos años antes que yo. "Mirá", decía en una carta, "de acá en más vas a tener días buenos y malos, grandes alegrías y momentos en los que vas a pensar ¿para qué me metí en esto? Alguna vez te va a parecer que no valía la pena pero lo que sí vas a sentir cada minuto es el alivio de no tener más ese tucán que te picoteaba la nuca todo el tiempo".

También me respaldó el comentario de un vecino, quien, a poco de conocerme me dijo, así nomás, de frente: "Parece que siempre son las mujeres las que tienen las pelotas cuando hay que definir la situación".

Y, sí, parece que sí.

Tradicionalmente mi generación, esa que se educó mirando al frente y tomando distancia baldosa por medio, aprendió que las nenas tenían colita y los varones pitito. Pelotas en realidad no teníamos ninguno de los dos. Más tarde creímos, inocentes, que las pelotas eran un atributo que integraba con exclusividad el equipo masculino. Por lo menos las que se veían.

Pero parece que en alguna parte de la evolución de la especie las adquirimos nosotras también aunque estuvieran ocultas. O nos las tuvimos que poner de prepo por falta de uso del otro integrante de la pareja.

Muchos años después, y no precisamente frente a un pelotón de fusilamiento como el coronel Aureliano Buendía, recordamos el día en que nos enseñaron que los varones tenían pitito. Constatamos por distintos medios que, a veces, los varoncitos grandes lo seguían conservando. Sólo que para entonces ya estábamos fusiladas y no recordábamos más el día en que nos habían llevado a conocer el hielo[4]. Lo que sí sucedió fue que muchas vivimos cien años de soledad, de todas maneras.

"O sea que al final, nos dimos cuenta, nos pusimos las pelotas, y nos divorciamos, ya está claro", resume Carlota.

"Eso", contesto. (Aunque no esté muy claro.)

En un balance honesto, el divorcio tiene sus aspectos positivos, a pesar del dolor, de las mudanzas, de los me-

NOTA:

> Por cuestiones elementales de discreción, privacidad y seguridad, todos los hombres citados en estas páginas se llaman Carlos, uno de los nombres más comunes. Y las chicas, cuando necesitan un nombre, Marta, por el mismo motivo.

[4] "Muchos años después, frente al pelotón de fusilamiento, el coronel Aureliano Buendía había de recordar aquella tarde remota en que su padre lo llevó a conocer el hielo." Líneas iniciales de *Cien años de soledad*, Gabriel García Márquez, Ed. Sudamericana, 1974.

ses de errarle a las llaves de luz, a las canillas y las perillas de la cocina. De buscar cajones y tomacorrientes que no existen más. También, después de muchos ataques de desesperación, de hacernos cargo de nuestros hijos (a medias o del todo) y de tomar la responsabilidad de nuestras vidas de manera total y absoluta.

"Deberías decir de manera holística, queda más moderno", se mete Carlota.

"Bueno, después lo cambio", le digo.

RELATO CASI TEXTUAL DE MARTA:

"Desde que me separé hablo sola todo el día. Ya había tenido ataques terminales de gordura, de depresión o de cansancio, pero nunca, hasta ahora, uno de alivio y de felicidad.

Tengo llamado en espera y no sé usarlo; un lavarropas sin conectar y no encuentro nada en los placares pero sé que las perchitas autoadhesivas que coloco están donde las preciso. Me doy cuenta de que empieza algo nuevo, no quiero que la mariposa fugaz se escape."

Que quede claro. Estas páginas están dirigidas a las mujeres que están solas por decisión propia o ajena, irrevocable o no. Queda por exponer aún que, a los efectos de la teoría, no es lo mismo haber decidido estar sola que haber sido dejada. Como no es igual ganar una guerra que perderla, porque en este campo de batalla también, como dijo Wellington, "nada, con excepción de una derrota, es tan melancólico como una victoria".

POR QUÉ SÍ, POR QUÉ NO

Para un gran número de mujeres parece más fácil explicar por qué no se divorcian que por qué sí lo harían. Después de hablar con unas cuantas amigas reconozco que entiendo desde lo más profundo de mi corazón a las que no se animan a tomar la decisión. No es sencillo, aunque muchas mujeres sepan, si son honestas consigo mismas, que el lugar donde están más solas es un mal matrimonio. Entonces, se quedan por miedo a estar solas. Un verdadero oxímoron[5], ¿no?

Hay divorcios "buenos" también, pero todos sabemos que son pocos, y los que dejan las peores huellas son los otros, los que inspiraron La Guerra de los Roses[6].

De todos modos, cualquiera de los dos es bueno para saber si cultivaste flores o piedras a lo largo de tu vida. Es más, es una situación en la que cada uno de los integrantes de la pareja se queda fatal e inevitablemente con lo que sembró. Tal vez sea redundante aclarar detalles pero la cosecha incluye a los hijos, la familia, la familia política y los amigos.

CARTA A UN EX MARIDO

Querido Carlos:

Sí, todavía y a pesar de todo, querido. Porque, por suerte, puedo seguir queriendo algunos momentos tuyos ayuda-

[5] Oxímoron, palabra o frase que contiene una contradicción. Ejemplo conocido y clarísimo: "Te dejo porque te quiero mucho". Me encanta el concepto.

[6] Película norteamericana protagonizada por Kathleen Turner y Michael Douglas.

da por la selección natural de la memoria que logra que a la distancia todo parezca menos malo.

No voy a decirte que te extraño, no. Para tanto no es. Peor todavía, creo que no te extrañé nunca porque el alivio fue superior a cualquier otro sentimiento posible. Aunque no lo creas, a veces sentí que te había olvidado por completo como si nunca hubieras formado parte de mi vida.

¡Qué extraordinario, después de más de veinte años de matrimonio, de dos hijas y un hijo! Después de tantas comidas en la misma mesa, de tantos momentos buenos y malos. ¡Curiosos mecanismos los que la mente aplica para protegernos!

Ahora, pasados un par de años, puedo ver que ciertas situaciones eran realmente graciosas. Por ejemplo, tu aparente incapacidad total para las tareas domésticas. Tardé demasiado en entender que era puro ejercicio de astucia para lograr que yo me ocupara de todo lo que te molestaba hacer. Cuando me di cuenta ya era tarde; me había posesionado, sin notarlo primero y con orgullo después, del rol de genio capaz de solucionarlo todo.

¿Te acordás cuando te decía que para colgar un cuadro necesitabas instrumentista en vez de ayudante?

"Alcanzame el martillo, traé la tenaza, pasame el metro, sostenelo derecho, teneme los clavos". ¿Te acordás?

¿Y los asados "ejecutivos" como di en llamarlos?

"¡Voy a hacer un asadito!", declarabas frescamente. Y a partir de allí la lista de instrucciones hubiera sido suficiente para montar un operativo en las colinas del Golán. "Llamá a Fulano y Mengano para que vengan. ¿Compraste

carbón, dónde están las astillas? Traeme diarios, sacá la carne del freezer, alcanzame el vino. ¿Están las ensaladas, repasaste las sillas, compraste bastante pan?" ¿Para qué seguir? La ceremonia terminaba siempre con tu pedido de aplauso para el asador, mientras yo servía los postres rumiando un borrador de carta a la legislatura pidiendo que se instaurara el aplauso para la señora del asador.

Tenías un don especial, característicamente masculino convengamos, para hacer cualquier cosa desde una posición de director técnico ajeno a las posibilidades de la gente del llano (como yo, por supuesto). Un definido "síndrome del rey", con esa muletilla tuya de "hay que, hay que".

Esto solía disparar algunas reacciones mías descontroladas. Porque yo trabajaba toda la semana como vos y, ade-

más, me ocupaba de la ropa de las chicas y los partidos de fútbol del nene, de la comida y del resto de las justamente vilipendiadas por aburridas labores domésticas. También trataba de mantener por cualquier medio el buen humor frente a tus constantes críticas.

Todo un tema, el de las críticas. ¿Recordás cuando en broma te pedía que te inscribieras en Harvard porque seguro te iban a conceder un Master Summa cum Laude en Crítica Doméstica?

Sólo muy tarde me di cuenta de que tanta crítica nacía de una profunda insatisfacción tuya, sólo tuya, interior y profunda, que hacía que te entretuvieras buscando inexistentes pelos en todos los platos de sopa.

Demasiado tarde también entendí que esta actitud tuya, que por otra parte contribuyó en buena medida a destruir nuestra pareja, me benefició. Porque me transformó en una especie de paradigma de la excelencia y la eficiencia. Tom Peters[7] *habría estado encantado conmigo si me hubiera conocido.*

Y los chicos. Tantas veces te pedí que participaras de sus vidas, sólo porque me parecía que ser un buen padre era algo más que pagar sus cuentas. No creo haber estado equivocada cuando pensé que las chicas se habrían sentido muy orgullosas de andar por la calle del brazo de su padre, que Carlitos hubiera necesitado muchos más momentos entre hombres solos. A fuer de honesta, creo también que no fue sólo culpa tuya. Fuiste, como tantos otros, víctima de una educación perversa que consideró por mucho tiempo a los

[7] Autor de *En busca de la excelencia*, Ed. Norma, Buenos Aires, 1984.

hijos como material de uso exclusivo de las madres. Lo que sí me animo a recriminarte es que no me escucharas cuando te avisaba. Posiblemente no hubieras tenido que reconocer, años después, que te habías perdido la infancia y la adolescencia de los chicos.

No imaginás siquiera lo cansador que puede ser tener razón y sentirse la Pitonisa o el Oráculo de Delfos.

Te aseguro que no quisiera que esto pareciera una pasada de factura después de tanto tiempo y menos cuando los dos ya rehicimos nuestras vidas y somos felices por propia cuenta.

Pero también es cierto que muchas veces me dolió que termináramos un matrimonio de tantos años de manera tan cruenta. "Nunca cortes lo que se pueda desatar", dice un refrán de no sé dónde. Podíamos haber desatado nuestras vidas sin lastimarnos tanto.

Hoy, inevitablemente, me pregunto si no le estarás perdonando a tu actual pareja todo lo que te parecía tan irritante, tan molesto en mí. Si le criticarás que se ponga polleras muy cortas o blusas muy escotadas (por lo que he observado yo misma, no parece ser el caso...); si la mirarás cuando sale hecha una diosa para decirle "esos pantalones te hacen gorda". Si querrás hacer el amor con ella después de haberla llevado al borde del ataque de nervios con tus desvalorizaciones. Y si te ofenderás cuando no acepte.

No, no lo creo. Estoy muy segura de que ya no mirás todo a través de una lupa. Porque tenés miedo de volver a fracasar, porque te agarra mayor y cansado o porque, simplemente, aprendiste algo de todo esto. Como yo, que aprendí a reírme.

Marta.

"Decime la verdad, ¿nunca pensaste en llamar a la amiga que te presentó a tu ex para pedirle indemnización o hacerle juicio por daños y perjuicios?"

CAPÍTULO II

UNA ETAPA NUEVA (AHORA VIENE EL BAILE)

Bueno ya está, dolió pero ya está. Saliste más o menos entera de la experiencia.

Estás sola, podés colgar tranquila los calzones en la canilla de la bañera, nadie va a protestar, pero no querés seguir así para siempre. Lo primero que notás es que los hombres separados están más tristes y las mujeres más aliviadas.

Te encontrás con un amigo de hace años:

"¿Cómo estás?", te pregunta.

"¿Cómo se puede estar después de un terremoto, un tornado y una inundación... juntos?", le preguntás.

"Pero se te ve bien...", te dice.

"Bueno hubiera sido pasar por todo esto para estar peor", le contestás mientras se aleja.

Un día te sentís diosa y decidís volver al ruedo.

Recién allí caés en la cuenta de que no sabés dónde encontrar eso que vulgarmente se llama "un tipo". Intuís que tenés que ponerte de cabeza a buscar soluciones pero no sabés por dónde arrancar.

O sea, parece que no hay hombres como para hacer dulce. Y encima no sabemos dónde están los que están. Entonces, ¿dónde encontramos al que supuestamente te está asignado?

Manos a la obra, salgamos a buscar.

ENCIMA, NO TE CREEN

En este momento trascendental es conveniente que sepas que aunque lleves seis meses o más sin conocer a un tipo nuevo la gente que te rodea tenderá a no creerlo. Esto se debe, mayormente, a que las mujeres casadas creen ciegamente que las que están solas se divierten todo lo que ellas no pueden. O simplemente piensan que "alguien como vos debe estar rodeada de hombres". Y ¿qué les vas a decir si tienen tan poca noción de realidad? ¿Que estás rodeada de hombres que o son casados o no te miran?

Como tu situación actual permite que puedas considerar a todos los que pasan candidatos posibles, poné alerta rojo porque conviene que los mires con la lupa de la experiencia. Técnicamente hablando, todos son mercadería sujeta a revisión y recuento. Y mucho ojo, porque circula bastante mercadería trucha[8] que merecería ser discontinuada.

Entonces, lo primero, pero lo primero de lo primero que tenés que aprender es a distinguir un soltero de un casado. Te aviso que es muy difícil reconocerlos porque son muy astutos. Una amiga mía salió varios meses con un casado sin darse cuenta.

Como el sistema detector perfecto no ha sido creado aun y tampoco traemos nada parecido puesto de fábrica, algo que puede ayudarte a suavizar tus experiencias es recursar Intuición I y II.

ALGUNAS PREMISAS, VARIOS CONSEJOS

No queremos casados porque de eso ya tuvimos y porque no somos partidarias de patear nidos ajenos. Y porque queremos disfrutar de nuestra libertad de y para, como diría Erich Fromm[9]. Y porque siempre fue mejor inversión la propiedad horizontal que el tiempo compartido.

"Buen razonamiento", acota Carlota.

"Gracias", contesto, "si querés te lo presto, yo ya lo utilicé".

[8] Falsa en lunfardo, el argot de Buenos Aires.
[9] *El miedo a la libertad*, Erich Fromm, Ed. Paidós, Buenos Aires, 1998.

Yo no me animo a juzgar a nadie, menos ahora que parece que se ha demostrado científicamente que el adulterio estresa a los hombres y mejora la piel y el aspecto de las mujeres. Pero ojito, que es muy cómodo (para él, claro) lo de él casado y vos no. Él con lo mejor de los dos mundos, una para amarlo y otra para coserle los botones, como diría Gabo[10]. Vos con nada de los dos. Y encima, como en tu caso no sería adulterio, ni siquiera te va a mejorar la piel.

Por favor leé con atención el siguiente machete.

BREVES INSTRUCCIONES PREVIAS AL USO DE LOS MACHETES

Para evitar situaciones incómodas y difíciles de explicar nunca los tengas a la vista en la presencia de un posible candidato, por ejemplo en un restaurante, en su auto o en la cama con él. (En la cama *sin él* podés estudiarlos.)

MACHETE Nº 1, CASI IMPRESCINDIBLE, CON INDICACIONES PARA SALIR BIEN PERTRECHADA

1. Preguntar de frente, enseguida, mirándolos a los ojos: "¿Estás casado?" Esta técnica frontal, aplicada a los dos minutos de conocerlos, los descoloca tanto que por lo general contestan la verdad. No siempre, claro está. A mí me contestaron "no", "soy viudo", "me separé hace quince

[10] *El amor en los tiempos del cólera*, Gabriel García Márquez, Ed. Sudamericana, Buenos Aires, 1985.

años", "ando muy mal con mi mujer", "en eso estoy" (¿?). Estas contestaciones forman parte del léxico familiar de los tipos casados que tratan de levantar minas. Con el tiempo vas a ver el agradecimiento que te despiertan los que te dicen simplemente "sí". Como para que puedas decidir por vos misma si seguís o no. De todos modos te aconsejo recordar el proverbio alemán que dice que "la falta de respuesta es una respuesta." Si vacila no vaciles.

2. La segunda prueba es aceptar una invitación. Pero para el sábado a la noche o el domingo al mediodía. Te dicen "bueno, te llamo para arreglar" y no llaman nunca más porque ésos son los horarios de pasear a su legítima esposa, habitualmente apodada por ellos "la bruja".

3. Mirar si llevan alianza. Es un entrenamiento. Yo, por ejemplo, necesito anteojos de cerca, de lejos y del medio. No veo nada sin ponerme las lentes de contacto pero les veo el anillo de casados a dos cuadras, antes de poder decir si son buenos mozos o no. La experiencia dice que si llevan alianza es seguro que están casados, pero si no la usan no hay ninguna garantía porque una buena mitad de los casados con la excusa de que "engordé y me ajusta", o "me molesta para jugar al tenis" se la quitan. Y te juro que yo vi a uno sacársela mientras me hacía caritas desde el auto.

"¿Por qué será que las mujeres no hacemos esto?", pregunta Carlota.

"Porque con alianza somos mucho más atractivas, por eso", contesto, lógica.

4. Observar atentamente el perro. Este indicador es casi infalible. Ningún tipo soltero saca a pasear un perrito pekinés con dos moños azules, ni un salchicha con bandana de colores, ni un caniche toy con chalequito tejido color rosa. Ellos, los libres, arrastran huskies, ovejeros alemanes y belgas y weimaraners. ¿Está claro el simbolismo? No te fíes aunque tenga collar de Boca porque eso, cuando mucho, significa que la mujer le dejó decidir el collar y no el perro. Algo más: aunque sea soltero, si tiene un doberman, un rottweiler o un dogo argentino (perros agresivos que no sueltan cuando muerden y capaces de atacar a sus dueños) es muy distinto de otro soltero poseedor de un pastor irlandés o un cocker spaniel. ¿Entendés el mensaje?

5. El auto. Si maneja una rural de cinco asientos con la luneta posterior llena de adhesivos, lo menos que tiene es una mujer y tres o cuatro chicos. No creas el argumento de que la compró para ir a cazar jabalíes con sus amigos. Admitamos que las 4x4 se prestan a confusión y que hay menos posibilidad de error con un auto de corte tradicional.

6. La bicicleta. ¿No creerás realmente que ese buen mozo en una bicicleta lila con canasto es soltero, no? Ellos andan en mountain bikes plateadas y con casco, cantimplora y un par de shorts de ciclista que creen que los rejuvenece.

7. La compra del supermercado puede ser un buen indicador. Un chango con whisky, champagne, agua mineral, salamines y quesos raros es un índice seguro de

soltería. Mucho champagne y chocolate es casi garantía de mina a punto de caer en sus garras. Fruta, verdura y cereales pueden ser tanto indicio de que ahora que se separó quiere dejar de fumar y empezar una vida más sana como de constipación.

8. ¿Tiene cara de casado? Es casado.

Puedo asegurarte que con el tiempo te va a pasar igual que a mí. No vas a necesitar preguntar más. Vas a reconocer un casado a primera vista. Para unos ojos afilados, hasta el menor gesto los delata. A lo que se agrega la ventaja de que a cierta edad todos tenemos la cara que nos merecemos. Ellos también.

Acá viene bien recordar lo que dice Marta: "Ellos son chicos altos de pantalones largos y juegan, juegan, juegan. A menudo también mienten, mienten, mienten."

"A veces mentir es una forma muy complicada de decir te quiero", aporta Carlota.

"Puede ser", respondo. "Ellos tienden a ser por siempre niños. O tal vez por siempre hijos."

Te ruego que confíes en la profundidad del análisis que antecede aunque me vea obligada a confesar que dejé la carrera de sociología a medias.

De todas maneras, aunque tomes todas las precauciones y estudies el Machete Nº 1 de memoria, es probable que te ensartes de vez en cuando. En ese caso es muy posible que escuches varios estribillos.

"Decime, esa sillita que llevás en el asiento trasero ¿es la que usaba tu ex novia?"

LISTA BASTANTE SUCINTA DE VERSOS HABITUALES DE LOS SEÑORES QUE ENGAÑAN A SUS SEÑORAS

O sea los señores que quieren tener, con toda comodidad, lo mejor de los dos mundos.

- "Vos sos mi sol, ella es mi luna". La respuesta adecuada a este concepto repetido con frecuencia por el que entra en la categoría de hipócrita máximo es: "¡Je! ¡A mamá mona con bananas verdes!"
- "No sabés lo que sufro. Tengo unos líos de novela, vivo muy mal, hace años que no pasa nada." Éste suele ser el argumento del llorón/patético. La respuesta adecuada es: "Bueno, contás con toda mi compasión, llamame cuando lo tengas arreglado."
- "Es la madre de mis hijos y no me voy a separar." Éste es el que la juega de honesto pero en realidad es un malo que te avisa. Y sigue viviendo su vida mientras vos sos un simple instrumento de diversión. La respuesta correcta es: "Bueno, llamame cuando los chicos sean mayores de edad."

Hay otros tipos, como el que no se anima y te lleva siempre al mismo café con la esperanza de llevarte al telo[11] de la vuelta pero no se juega; el que te dice con una mano en el corazón (y lo peor es que lo siente) que ama a su esposa pero no puede perderse esa sensación maravillosa de vestirse para otra mujer a la mañana. O el que te sigue por la calle para invitarte a pasear y contarte que se lleva muy mal con su bruja pero que no se puede separar de ella porque adoptaron un chico. O el

[11] Hotel, albergue por horas en lunfardo.

que conoció a dos Martas en un café concert y a partir de allí quiso salir con las dos juntas para hablarles de sus problemas matrimoniales. ¿Recordás que al principio te dije que en estas páginas se iba a reflejar la vida?

Bien, esto es la vida y lo otro es cuento; pero como algunos llegan a ser más cínicos que Pinkerton está en vos decidir si la querés jugar de Cio-Cio-San[12].

Te aviso, de paso, que cambiar de país tampoco sirve si te quedás en zona latina. Un Carlos uruguayo, muy simpático, con un auto de lujo y mucho dinero, me contó una versión maravillosa de cómo sufría porque su mujer estaba en algo parecido a una secta (probablemente como consecuencia de su convivencia con él).

Eso, por supuesto, explicaba de manera suficiente el hecho de que él anduviera persiguiendo gurisas con autos de chapa argentina.

Llega el día en que, inevitablemente, pensás: "Me tienen harta". Y te ponés a buscar métodos que te ayuden a detestarlos mejor.

"Ah, ¿vos te creías que saliste un ratito y ellos cambiaron?", aporta lúcida Carlota.

"Sí, creo que sí, lo creí", contesto mortificada.

UN CASO REAL PARA QUE TE RÍAS

Quiero aprovechar el hecho auspicioso de que acabo de aprender las reglas básicas de elaboración de un

[12] Personajes de la ópera Madame Butterfly, de G. Puccini. Pinkerton promete a Cio-Cio-San volver y casarse con ella pero se va y cuando regresa lo hace varios años después, casado.

guión cinematográfico para presentar lo que sigue como tal. De todas maneras es obvio que Él, el protagonista, se hizo la película.

Protagonistas

Ella: Señora de edad mediana, separada desde hace unos seis meses, sumergida en complicaciones legales, económicas y vitales.

Él: Señor divorciado desde hace varios años. Bastante mayor que Ella y muy amigo de su ex (de Ella).

Escenario: el dormitorio del departamento alquilado de Ella.

Hace tiempo que no se ven. Es de tarde, suena el teléfono.

Ella: "¿Hola?"

Él: "¿Cómo estás? Soy Carlos. Ayer me encontré con tu hermana y le pedí tu teléfono."

"Que suerte la mía", piensa Ella tratando de acordarse de odiar a la hermana por esto. "¿Qué decís, tanto tiempo?"

"Yo bien. Vos, ¿te casaste o algo?", pregunta Él.

"Nada", contesta Ella cometiendo un primer error grave. "Ni pienso por el momento", agrega, explícita, en un intento por remediar lo irremediable.

El diálogo que sigue es real, casi textual, pero imposible de volcar en un juicio porque, lamentablemente, no fue grabado.

Él: "Estuve pensando que vos y yo podemos seguir siendo amigos, no veo por qué tenemos que dejar de vernos porque ustedes se hayan separado. Vos sos una chica inteligente y a mí me gusta hablar con mujeres inteligentes".

Ella: "No tengo muy claro qué clase de amigos éramos vos y yo si la última vez que llamaste a casa me preguntaste cómo me llamaba. Por lo visto estabas más al tanto de los fatos[13] de mi marido que de mi vida. Yo era más amiga de tu mujer que tuya y la perdí en este combate".

"No me acuerdo de eso (¿?) pero creo que vos no me conocés. Siempre me viste con mi ex y uno es diferente con cada persona. Si querés podemos tomar un café o un té o si me siento muy generoso te invito a cenar".

Ella pocas veces ha escuchado una invitación tan poco sexy. Lo que no sabe todavía es que la vida le deparará algunas otras parecidas de vez en cuando.

Hace un esfuerzo para encontrar la contestación adecuada, sin lograrlo, pero Él prosigue:

"Te repito, podemos seguir siendo amigos aunque yo sea amigo de Carlos. En realidad, es cierto que siempre fui más amigo de él, porque somos muy afines, nos parecemos bastante en la forma de pensar, en la manera de encarar los negocios, en el sentido del humor".

"Si lo sabré yo", piensa Ella mientras permanece en silencio, oyendo atónita cómo le ofrecen un camión de la misma mercadería que acaba de descartar por defectuosa.

"Te quiero aclarar algo más", continúa Él, verborrágico. "Soy una persona considerada y antes de llamarte a vos lo llamé a Carlos para preguntarle si le molestaba que te invitara a salir".

"¿LE PEDISTE PERMISO?", atina a decir Ella al bor-

[13] Infidelidades en lunfardo.

de de un ataque masivo, terminal, de asombro. "Quisiera recordarte que al principio de esta conversación me dijiste que te parecía inteligente y ahora me estás tratando como a una tarada."

"No te equivoques, no me gusta lastimar a nadie, soy muy considerado. Fijate que cuando yo me separé de mi mujer un amigo al que casi no veíamos empezó a llamarla diez veces por día."

"Muy correcto tu amigo, esperó a que te separaras para llamarla, ¿no?", agrega Ella con esfuerzo.

Él hace algún comentario menor y corta. No sin antes intentar arrancarle una promesa de café o cena. La tarde ha caído y Ella se asoma por la ventana, mira hacia afuera y piensa. "Qué increíble, alguna vez hasta me despertó cariño".

Como sucede casi siempre, después de cortar la comunicación aparece la respuesta adecuada. Y se promete usarla cuando Él vuelva a llamar.

"No voy a ir a tomar café con vos, Carlos", le contestará, "porque no tengo permiso de mi ex y se acaba de ir de viaje. Y yo también soy una persona muy considerada".

"Hay veces en que la vida debiera tener teclas de enter y de borrar. ¿Me explico?", aporta Carlota.

"Sí", le contesto.

Bueno. Pasaste a integrar el gigantesco grupo de las MQBHI. Y si aprendiste algo no es un día perdido.

CAPÍTULO III

CÓMO ESTAMOS NOSOTRAS. (MIS AMIGAS DICEN QUE)

Tomas tu vida en tus propias manos y ¿qué sucede? Algo terrible: no hay nadie a quien echarle la culpa.

Erica Jong

¿QUÉ ES EL MQBHI?

Es el grupo de las Mujeres que Buscan Hombres Ideales. O sea, un grupo de inmaduras soñadoras. Mis amigas dicen que somos muchas las que formamos esta comunidad a la que se ingresa de manera casi involuntaria desde un enfoque de compromiso temporal. O sea por poco tiempo, como cuando vas al gimnasio pensando: "En tres meses me saco este rollito de encima y listo".

Bueno, con esto pasa casi lo mismo. Ni en tres meses te sacás el rollito ni mucho menos encontrás al tipo ideal. Por lo tanto te convendría más averiguar el valor de la cuota anual. O la quinquenal por las dudas. Porque el mercado está duro.

"¿No es un poco estúpido de tu parte, y de la de tus amigas, seguir buscando al HI?", interrumpe Carlota.

"Puede ser, aunque yo me considero bastante inteligente. A veces, incluso los demás piensan eso de mí", aclaro molesta.

Lo que no tengo nada claro es por qué en algunos momentos parece que estuviera bajo el efecto de una sobredosis de Taradex Forte. Y en esos momentos, aunque breves, sigo confiando en que el hombre ideal existe. Sé que esos pocos instantes alcanzan para arruinar el promedio de mi Coeficiente Intelectual, pero me siento tan bien creyendo a pies juntillas que mi HI, mi propio HI anda por ahí buscándome...

Esto igual no disminuye el hecho de que esté cansada de hablar de hombres cada vez que salgo con mis amigas; aunque de esas reuniones siempre se saca algo positivo. Por ejemplo, largas listas de reclamos y quejas como las que siguen.

DESVENTAJAS BIOLÓGICAS

Que las hay, las hay.

- Si ellos se ponen canosos se vuelven cada día más atractivos.
  Vos parecés más vieja.

- Si a ellos se les cae el pelo, son pelados interesantes.
  Vos tenés que comprarte una peluca.

- Si a ellos se les marcan las arrugas del sol parecen viejos lobos de mar.
  Vos tenés que operarte.

- Si ellos engordan y tienen panza, nadie se fija demasiado.
  Vos quedás fuera de combate.

- A ellos un equipo reducido de fábrica (léase pito) no les disminuye el prestigio previo.
  A nosotras (léase lolas) nos deja fuera de mercado.

También nuestros cerebros son diferentes. No sólo en tamaño como acaba de descubrirse. A nosotras nos importa más lo intuitivo, lo afectivo, lo emocional. Buscamos compromiso (que no es matrimonio; a ver si nos entienden y no se asustan, chicos, ahora que lo ven escrito). Nos ocupamos de los detalles, cuidamos el nido y somos previsoras. También dudamos, somos indecisas.

Ellos, como ya dijimos, juegan, juegan, juegan.

Pero, tan mal armadas como parece que venimos de fábrica, ante las situaciones límite solemos responder con eficacia y eficiencia. Y por lo general salimos mejor paradas. Y eso que no contamos con la suerte de ellos que nos tienen a nosotras como interlocutoras, lo que no es un detalle menor, porque somos mucho más prácticas...

Esto desemboca directamente en el delicado tema de la autoestima.

¿POR QUÉ SERÁ?

Nuestra autoestima (eso que antes se llamaba confianza en uno mismo, si no recuerdo mal) es más frágil. Siempre nos parece que tenemos el pelo mal, que nos sobran tres kilos, que el vestido nos hace gordas, el pantalón caderonas, la blusa chatas. Tanto que necesitaríamos un 911 emocional para que nos repararan la autoestima al instante.

Cuántas veces nos preguntamos si ellos, antes de salir con nosotras, se cambiarán tres veces de camisa o dos de pantalón; si se preocuparán por el traje, las medias o la corbata. O si volverán desde el ascensor para cambiarse los zapatos.

COMO EN LA PELUQUERÍA

Aun en estos tiempos de incremento de la coquetería, cuando han empezado a teñirse, plancharse y permanentearse, ellos van y le dicen:

"Cortame, Carlitos".

"¿Como siempre?", pregunta Carlitos.

"Sí", responden ellos.

A mí me agarra el estilista, como se dice ahora después de que las palabras *peluquero* y *coiffeur* cayeran en desgracia.

"¿Te corto un poco?", pregunta el pobre.

"Sí, pero poco", contesto, "porque si me cortás mucho se me arma demasiado y me tarda en crecer, si me lo dejás más largo me lo puedo atar. Claro que si me transpira la cabeza se me aplasta, así que me conviene el flequillo más corto. Debo necesitar baño de crema, pero mejor hoy no porque estoy apurada", contesto yo.

No sé por qué, pero el muchacho me mira con cara de "¡Dios mío! ¿Qué hice yo para que me toquen todas a mí?" Y decide adoptar un tonito paternal muy irritante: "Vení, mi amor, pasá a la piletita que te lavo la cabecita", posiblemente con intenciones inconscientes de estrangularme.

A lo mejor, ahora que los diarios y las revistas de mujeres les dedican suplementos de moda y cosméticos a ellos, la situación se empareje.

Pero igual no creo que llegue a sucederles lo que me pasaba a mí con una parienta.

No me preguntes por qué ni cómo, pero lograba hacerme sentir siempre en falta. Como desprolija y manchada. Me provocaba tanto estrés que no quería ir a verla. Tan fuerte era la presión que la única media que se me corría en el año... adivinaste, era la que me ponía cuando iba a su casa una ineludible vez por año. De compromiso, por supuesto.

Nunca logré tomarla de sorpresa. Cuando yo llegaba con o sin aviso, allí estaba ella, vestida como yo lo estaría si fuera a una reunión importante. Siempre depilada, peinada, con las manos impecables, bronceada por supuesto. Flaca, planchada y sin transpirar.

Con el paso de los años tiene, eso sí, la cara que se merece.

A mí no se me dio ese don de la impecabilidad. Transpiro, me arrugo, me despeino y despinto. Vivo, bah. Y aunque no es consuelo creo que también tengo la cara que me merezco. Despintada, claro.

"A veces quiero cantar, a veces quiero volar, a veces no quiero nada".[14]

CÓMO SE DETECTA UN HI

Algunas mujeres lo encontraron. La mayor parte en un feliz ballotage. Cuando les pregunté qué habían tenido en cuenta para considerarlos HI me dijeron, coincidentes en la mayoría de los casos:

- Me respeta.
- Me mima.
- Me escucha.
- Me malcría.
- Me contiene (sea lo que fuere que este concepto de la posmodernidad signifique. Un amigo, desde su machismo bien instalado, dice que cuando una mujer

[14] Mensaje del río, Los Rancheros.

quiere que la contengan lo que pide es que la consientan y la man-tengan).

- Tiene proyectos propios.
- Es independiente.
- Se deja amar y malcriar.
- Hay una química increíble.

Fijate qué cosa, ninguna dijo "me mantiene, se ocupa de mí o de la casa" en términos prácticos o monetarios.

Mi modesta conclusión es que a las mujeres no nos importa tener que esforzarnos, trabajar, contribuir con lo económico si tenemos lo afectivo.

Eso sí, aprendimos que los muchachos son como son. Que no vamos a cambiarlos aunque estemos enamoradísimas y que lo único que queremos realmente es que nos dejen ser como somos nosotras. Aunque suene confuso. Porque ya tuvimos un ejemplar de lo que vulgarmente se denomina marido.

"¿Cómo se detecta entonces un HI?", trata de concretar Carlota.

"Mirá, si lo tuviera muy claro no estaría aquí escribiendo esto. Estaría con él, ya que este libro no es más que un entretenimiento hasta que aparezca", le digo sin concretar nada.

Es malo generalizar, pero las chicas y yo estamos convencidas de que es más fácil encontrar el pájaro azul o la ballena blanca. (Eso sí, esperamos que no se nos aclare todo justo antes de la muerte como al Capitán Ahab en *Moby Dick*.)

Igual, intentemos una primera lista de requisitos sa-

biendo que las hormonas y el corazón, a la hora de hacer un análisis serio, no son los mejores consejeros.

MACHETE Nº 2 PARA AYUDAR A DESCUBRIR SI LO QUE APARECIÓ ES UN HI

O sea los requisitos esenciales mínimos por debajo de los cuales aprendimos que no negociamos.

1. Observá el lenguaje corporal. Tiene que coincidir con sus palabras. Si te dice "Yo soy así, claro como me ves, voy de frente" y te lo dice con las piernas y los brazos cruzados... ni es tan claro ni va tan de frente.

2. Hay tipos con cara de satisfacción. Cara de quien nunca tuvo falta de teta (de chiquito, se entiende, ¿no?). Y están los otros, que tienen en la cara las marcas de

haberla buscado, ansiosamente, toda la vida. Ojo, éstos son muy difíciles de conformar.

3. Existen básicamente dos tipos de hombres: los que te miran de arriba hacia abajo y los que te miran de abajo hacia arriba. Estos últimos son mucho más divertidos y sexys.

También hay dos tipos de mujeres, como dijo una vez Magdalena Ruiz Guiñazú.[15] Las que llevan las valijas y las que se las hacen llevar. Las del segundo tipo son más inteligentes. Creo en la reencarnación y si la próxima vez no me toca ser boa, león o lechuga me he propuesto firmemente pertenecer al segundo grupo. Seré una niña modosa de las que dicen: "Se me cayó el pañuelo, ¿me lo levantás?"

4. Están los que pasan del Sr. Ingalls a Homero Simpson en segundos. Ésos no son HI, no sirven.

5. Hay un grupo de "tomadores no dadores". Ésos piensan sólo en sí mismos y en su propio beneficio. Tampoco sirven.

6. Los hijos únicos tienen demasiadas mañas. Candidatos casi ideales son los que tienen muchos hermanos. Los ideales son los solteros huérfanos.

"¿Este capítulo es para mujeres o para hombres?", pregunta Carlota.

"Para los dos", contesto y sigo escribiendo.

[15] Conocida periodista argentina.

O sea que tienen que ser buenas personas, tienen que ser divertidos, tienen que ser buenos compañeros, tienen que ser generosos. Tienen que mirarnos a los ojos para ver con profundidad lo que tenemos debajo de la celulitis. Si además son lindos, ricos y jóvenes ¡mejor!

Porque, como escribió Quevedo, "si no te quieren como tú quieres que te quieran, ¿qué importa que te quieran?"

CAPÍTULO IV

¿DÓNDE ESTÁN ELLOS?
(QUÉ ES LO QUE SE ME OFRECE)

No escuches lo que te dicen. Ve a verlo.
Proverbio chino.

¿Dónde están, eh, dónde?
No sabemos bien o no está muy claro.

Una parte casados, algunos felizmente por suerte.
Una parte es gay.
Una parte, grande, de todas las edades, busca mujeres de quince a treinta años más jóvenes que ellos. Como esto se suma a una longevidad mayor de la especie nos vemos obligadas a trabajar fehacientemente para prolongar lo que en términos supermercadistas se llamaría nuestra *shelf-life*[16].

"Qué difícil de traducir esto. Es tan claro y conciso el idioma inglés. Nos obligan a no descuidarnos", comenta Carlota.

"Sí, ni por un segundo", contesto, "lo que no resulta demasiado relajante, ¿no?"

[16] Período de duración, hasta el vencimiento, de la mercadería perecedera.

Una parte de ellos aparentemente está escondida. Intentaremos descubrir dónde verificando la situación del mercado.

"Si ellos son de Marte y nosotros de Venus, parece razonable suponer que están en otro planeta", sugiere Carlota.

"Sí, pero a veces dan la impresión de no ser ni de Marte. Como si fueran de otra galaxia. Como si hubieran llegado de Melmac con Alf."

El otro día me encontré en el ascensor con un tipazo de aquéllos. Subió con la cara inconfundible de quien sale de lo del analista, concentrado, pensando en sus despelotes. Creo que no me vio a pesar de nuestra breve convivencia en menos de dos metros cuadrados.

A duras penas logré contenerme; dominé mi instinto maternal siempre dispuesto a brotar y no le dije lo que me nacía: "Flaco, sé que te sentís inseguro, pero para mí también cambiaron las cosas. No hay más *homo sapiens*. Ésta es una generación de *homo asustatus* y de *homo desconcertatus*".

Y nosotras no sabemos dónde encontrarlos. Imaginate, si no nos ven en un ascensor... Vemos que el pánico y el desconcierto los llevan a esconderse en cuevas modernas que pueden llamarse bares, sillones frente al televisor, lugares de trabajo, estadios de fútbol y clubes deportivos donde pueden interactuar sin riesgos entre pares.

Porque necesitan retirarse, alejarse, aislarse cuando sienten que se acercan, como dice Sergio Sinay en su último libro[17]. ¿Sabés una cosa? Me cansé de leer libros

[17] *Misterios masculinos*, Sergio Sinay, Ed. Del Nuevo Extremo, Buenos Aires, 2000.

que me ayuden a entenderlos. Libros que aparentemente ellos no leen.

Mientras tanto nosotras seguimos esperando que alguien nos cante "Muchacha, ojos de papel, adónde vas, quédate hasta el alba..."

Doy fe.

QUÉ PIENSAN ELLOS

Yo junté coraje y les pregunté a algunos amigos cómo ven ellos la situación.

- Un amigo joven, pintón, con un auto hermoso y una profesión fashion me dijo: "No sé cómo hacer para encontrarme con una chica como la gente. Todas histeriquean y quieren sacar ventaja, fríamente". Está harto de mujeres; se siente solo el fin de semana, no hace proyectos, igual que mis amigas y yo. A veces salimos a comer y lo pasamos regio mojando nuestros respectivos hombros con lágrimas de desolación o riéndonos como locos de nuestras frustraciones.

- Un Carlos me dijo que los hombres que él conoce (esto lo incluye a él, pero no porque se conozca mucho) cuando están solos se quedan en casa, circulan poco, les cuesta salir solos con otros hombres.

- Otro, mientras estuvo "solo" salió con dos o tres mujeres a la vez. Parecía que no podía dejar pasar a ninguna cerca sin atacar. Una vez se enganchó con una vecina de otro piso cuando fue a reclamar por un problema de consorcio.

- Otro todavía no ha logrado superar las heridas que le infirió su matrimonio (las que a su vez dejaron cicatrices profundas en su patrimonio).

Estamos tan acostumbradas a ser las que nos hacemos cargo del miedo y la inseguridad que nos parece que no queda nada para ellos.

"Vos creías que son hombres, pero son chicos de pantalones largos. Juegan, juegan, juegan", aporta Carlota, creyéndose original.

"Y no quieren perder nunca", agrego yo, realista.

"Waterloo borrará todas mis victorias", dijo Napoleón.

LAS REGLAS DEL JUEGO (DEFINITIVAMENTE, TODOS SE LLAMAN CARLOS)

¿Por qué no pensar lo peor? Si a veces hasta parece que estuvimos todas casadas con el mismo. O es como si los hubiera parido y educado a todos la misma mujer.

Repetilo en voz alta. Vas a ver que te suena.

Lo que pasa es que siempre tienen las ventajas y hacen las cosas más divertidas. (¿O no te daba envidia que zapatearan mientras a vos te tocaba el zarandeo cuando bailabas el gato y la chacarera en la escuela?)

VEAMOS

Ellos buscan mujeres más jóvenes. No parece ser relevante que estén más estropeados que nosotras a la misma edad. Sobre todo a partir de los cincuenta años, cuando muchos muchachos adoptan una actitud como de cerrar el boliche mientras nosotras todavía queremos abrir sucursales.

Hace poco cambié mi equipo de computación y logré tener una vivencia masculina. O sea, cambié mi fiel computadora vieja por una más joven, perdón, nueva. Por unos instantes me embargó una sensación indudablemente parecida a la que debe sentir un tipo que cambia a una mujer madura, de la que conoce todas las mañas, por una más joven y definitivamente más rápida. Sólo que yo sentí un flash de culpa al despedirme de la anterior a quien había querido tanto, aun en nuestros momentos difíciles cuando, por ejemplo, me borraba un documento importante y me hacía llorar.

Sorpresivamente, sin embargo, el otro día le escuché decir a un señor maduro (¿?) que la mayoría de los hombres prefieren mujeres más jóvenes "para convencerlas de que las cosas son como ellos dicen y porque les exigen menos que las mujeres maduras que saben lo que quieren... y los matan" (sic). Cuanto menos un enfoque honesto y novedoso. También le escuché a otro decir que no quiere salir con pendejas porque no quiere ser "buque escuela" de nadie. O sea.

•

CORTOCIRCUITO

Nos dijeron "salgan de casa, las precisamos para la guerra". Terminó la guerra. Nos gustó estar fuera de casa. No sabíamos bien qué hacer. Los copiamos a ellos. Ahora ellos no saben qué hacer porque no nos parecemos más a sus madres, entonces nos copian a nosotras. Y no nos gusta.

Ahora los hombres también lloran, pero las mujeres lloran mejor, como dice Almodóvar.

CAPÍTULO V

SALGAMOS A BUSCARLO (EMPECEMOS POR ALGUNA PARTE)

Quien no es capaz de moverse,
no tiene derecho a esperar que lo empujen.
Malcolm Forbes.

Dicen que no tenés que salir a buscar ni al hombre ni a la mujer de tu vida. Que los negocios se buscan y los amores llegan. ¿Me podés decir si no salís a buscar dónde lo encontrás?

Bueno, como sea, estás en la calle y en la lucha que es cruel y es mucha. Algo así como una mujer punto ocho por cada tipo disponible. A veces cuando te mirás en el espejo tenés ganas de irte de viaje para no verte. Pensás que a lo mejor bastaría con correrte de signo hacia un horóscopo más favorable porque nunca te has sentido una rompecorazones. Es más, durante mucho tiempo te acostumbraste a ignorar las reacciones que provocabas.

"¿Te acordás cuando las chicas habíamos descubierto que teníamos un ángel exterminador?", pregunta Marta. "Era un extraño mecanismo que funcionaba cuando peor nos sentíamos. Salíamos a la calle y nos decían piropos desde el kioskero de la esquina hasta el gerente del Banco, desde un cliente al marido de una amiga."

"Sí, me acuerdo. Era un mecanismo que funcionaba por sí mismo. Creo que concluimos, erróneamente, que a los hombres los atraía la depresión", le contesto.

"Todavía no entiendo cómo opera mi ángel exterminador. Salgo de casa sin acordarme de él... Y de pronto aparece con un lanzallamas", dice Marta.

MUCHACHOS DE PALERMO[18]

Una tía mía, preocupada por mi destino posdivorcio, un día me preguntó si ya tenía novio.

"No", le dije, "todavía no encontré a nadie especial".

"Tendrías que ir a algún lugar donde se haga deporte", sugirió. "Un hombre deportista ya de por sí es de naturaleza sana".

[18] Parque de la zona norte de Buenos Aires.

Sabiduría pura, destilada en sus ochenta y cinco años, pensé.

Entonces, obediente, decidí hacerle caso.

¿Cuáles eran las alternativas? Clubes (no soy socia de ninguno) o gimnasios (ya perdí la cuenta de todos los lugares en los que me inscribí para dejar a la tercera clase). No se me ocurría nada. Hasta que pensé que podía caminar por Palermo porque me gusta el aire libre y porque no implica compromisos de horarios.

No sé por qué decido que Palermo es un buen lugar. Técnicamente, digamos, lo es, hay cientos de hombres solos. Lo que no queda tan claro es por qué se me ocurre que es un buen sitio la orilla de un lago donde todos pasan caminando, trotando, corriendo o en bicicleta, con cara de "no puedo parar porque pierdo la maldita inspiración que me hizo meterme en esto en vez de quedarme en la cama abrigado y leyendo el diario."

Más de una vez consideré seriamente cambiar por la Recoleta,[19] donde la gente va a engordar con toda comodidad en un restaurante o sentada en una confitería leyendo el diario.

Pero no me decidí.

En rigor de verdad, reitero, cruzarse en dirección opuesta no parece una actividad muy favorable al diálogo. Igual, empecé a dar vueltas alrededor del lago.

Allí se ve toda clase de gente y logro sentirme bien con mi remera del último viaje, el pelo recogido y un

[19] Barrio de Buenos Aires donde se concentra gran cantidad de restaurantes y confiterías.

look que, después de mirarme ciento treinta veces en los espejos del ascensor y en los vidrios de los autos estacionados, controlo que no es nada patético. Ni siquiera a la altura de las calzas.

No entiendo por qué me sonríen solamente algunos señores con cara de llevarme unos veinticinco años y unos adolescentes que podrían ser los hermanos menores de mis hijos, pero no pierdo el entusiasmo.

Primer resultado positivo: me acostumbré a caminar todas las mañanas lo que, por lo pronto, si no me ayuda a encontrar al hombre de mi vida, me ayuda a sentirme mejor y a mantener bajo el colesterol, doy fe. También tomo buen color y pienso que con eso mis posibilidades de seducción aumentan.

ALGUNAS OBSERVACIONES MENORES

Noto que no todos los días son iguales. Una cosa es de mañana de lunes a viernes. Allí los muchachos van solos o en grupos de amigos y las chicas ídem. Los fines de semana el panorama cambia: ves a los mismos muchachos que te miran con ojos pícaros los demás días caminando con su mujer, la legítima. Eso se nota en general por la cara de aburrimiento que tienen puesta y porque tienden a no mirarte, no reconocerte, no saludarte. Es el día de pasear a la bruja (la misma que te cuida para que no revientes como un sapo mientras vos mirás a las otras, pienso). Sábados y domingos ellas caminan con una mirada posesiva bien instalada, que definidamente anuncia "se mira y no se toca".

"Me parece que si supieran cómo te miran ellos los días de semana, la que debería usar esa mirada serías vos", supone acertadamente Carlota.

"Tenés razón", contesto, "más de una vez pensé eso mismo. Parece que vivir dentro de un tupper les queda cómodo", agrego.

DIÁLOGO ESCUCHADO ENTRE DOS AMIGOS MIENTRAS TROTABAN POR LA ORILLA DEL LAGO:

"Cambiá de ambiente, conocé otra gente y el mejor regalo que le hacés a tu mujer es conocer otra mina flor".

Sencillo, concreto y fácil. Ignoraré para siempre cómo siguió la conversación porque iban mucho más rápido que yo.

El segundo resultado positivo es que me hice amiga de un montón de gente, a saber:

- La barra de la mesa de al lado (en la confitería donde tomamos café después de la caminata) constituida exclusivamente por un hermoso grupo de maridos ajenos que con el tiempo se fueron convirtiendo en amigos entrañables.

- Unos cuantos muchachos simpáticos con los que nos saludamos de tanto vernos, a veces hablamos dos palabras, pero no pasa nada porque su actitud clara indica que están casados y no andan en otra.

- Un par de plomos que me miran, todas las vueltas,

con cara libidinosa. También un tipo pintón, que caminó dos años mirándome con cara antipática, como enojado. Llegué a pensar que sería muy amigo de mi ex. Por fin, el día que hablamos resultó un encanto y nos hicimos amigos.

- Muchas mujeres de distintas edades y formatos, en la misma situación de quien suscribe.

- Un grupo en aumento de muchachos que sí se detuvieron a charlar, verdaderos bombones algunos de ellos pero que, lamentablemente, no superaron la aplicación del machete nº 1 de la página 36. Todos casados, portadores de infidelidad genética. Los versos habituales de la página 42 fueron recopilados a partir de sus aportes.

Y cuántos habré desencontrado, me pregunto siempre, por dar la vuelta en la dirección equivocada, por llegar temprano o tarde, por haber ido de mañana y no de noche.

Posiblemente deba probar con un perro, voy a ver si pido uno prestado. Porque observé que es una buena manera de iniciar conversación, siempre y cuando el más grande de los dos no pretenda comerse al más chico en los primeros tres minutos.

Después de más de cinco años de caminar casi todos los días me he vuelto experta en pájaros, patos y nutrias y tengo algunas historias para contar. Me hubiera gustado, querida Tía Ester, que estuvieras entre nosotros todavía para decirte que te hice caso y que descubrí que uno de los deportes preferidos de la mayoría de los hombres que caminan por Palermo es engañar a sus mujeres.

De todos modos, esto tiene su lado positivo, como las pilas.

Se me ocurrieron ideas para armar negocios. Podría vender vinchas que dijeran "Casados Abstenerse", de lunes a viernes, o abrir un sitio http://www.trampaenpalermo.com.

A lo mejor me hago rica.

MUY BREVE LISTA DE OBSERVACIONES DESPUÉS DE CAMINAR POR PALERMO

- Si circulás mirando a los tipos podés tropezar veinte veces por vuelta en promedio.
- Ellos transpiran y no les queda mal. Vos quedás hecha una porquería con el pelo pegado a la frente. (Esto es como lo de las canas.)

Podría decir que llegué a la sabiduría por el largo camino de los errores. Eso sí, me lo caminé todo a razón de cinco kilómetros por mañana.

CASOS DIGNOS DE MENCIÓN RECOGIDOS EN LAS CAMINATAS

1. Un Carlos abogado se me acercó una de esas mañanas en que me parecía que nunca más iba a conocer a nadie. Me propuso acompañarme, le dije que sí y me pasé una hora escuchándolo hablar de su mujer. Me llamó un montón de veces después pero decidí que no precisaba más de eso.

2. Un día se me acercó Carlos. Me contó que se había divorciado hacía un año. Algo muy sincero en su actitud me hizo creerle. Hice bien, era cierto. Caminamos mucho juntos y nos hicimos muy amigos. Demasiado amigos, como hermanos, no sé si me entendés. No pudimos salir de eso. Lástima porque se acerca bastante a lo que yo tiendo a considerar un dios. Me dejó un mensaje muy amable en el contestador el Día de la Mujer. Le dejé otro en su contestador: "Gracias Carlos, me alegró mucho tu mensaje. Pero más me alegró que te dieras cuenta de que soy una mujer". No alcanzó.

3. Otro Carlos paró su auto una mañana, se bajó y me dijo que era divina. Era lo que yo necesitaba por eso de la autoestima, ya sabés. Opté por creerle porque me halagaba que fuera más joven que yo. Le di mi teléfono. Me llamó esa misma tarde y después de esa llamada lo amé para siempre. ¿Sabés por qué? Porque lo primero que me dijo fue: "Soy casado, ¿te importa?" Se lo agradecí tanto. Porque demuestra que es tramposo pero bastante buen tipo y que se preocupa. Bastante más por las demás que por su propia esposa que es a quien está engañando. Pero me evitó tener que dar una vez más la explicación de por qué no me interesa ese tipo de relación (¿para qué preguntan si ya lo saben?). Y también una cierta cuota de ilusión inútil.

4. Otro Carlos, cajetilla, paquete, dejaba caer hectáreas en la conversación, mientras me decía como al pasar "tengo dos hijos casados y la hija que *nos* acompaña todavía". Otra vez sopa.

CAPÍTULO VI

MUCHACHOS DE OTROS LUGARES (DICEN QUE HAY OTROS RECURSOS DISPONIBLES)

De vez en cuando la vida
toma conmigo café.
Joan Manuel Serrat

¿TOMAMOS UN CAFÉ?

Puede ser que a veces la vida tome café con vos. Los solteros, no.

Para algunas cosas soy ordenada y llevo una estadística de esto. De las dieciséis veces que acepté una invitación a tomar un café, todos eran casados. Más aun, un hecho irrefutable de la realidad es que todo el que se te aproxima en la calle es casado.

Y eso suele crear una situación graciosa. Vas, tomás café, te cuentan una versión conveniente de sus vidas, te das cuenta de que son casados. Se los decís, te miran con cara de: a) carnero degollado, b) ¿cuál es? Les decís chau y no sabés si darles la mano, un beso o qué, porque ya casi nos estábamos haciendo amigos. He despedido con un beso a muchos tipos a los que no quise volver a ver.

PRESENTACIONES

Mi experiencia al respecto es muy somera. La primera pregunta que surge es: ¿Por qué nadie nunca te presenta a nadie? No soy muy afinada pero esto podría cantarlo en coro con todas mis amigas.

"¿Por que no tratás de que te presenten a alguien?", insiste una amiga comedida, como si una pudiera tratar.

Lo charla con otras amigas y ese verano en la playa se entretienen dibujando el perfil del posible candidato. Te nombran a varios amigos de amigos de amigos de ellas con los que a la vuelta te van a "hacer gancho". Por alguna razón poco clara no aparece ninguno de los candidatos en la larga noche del invierno.

La única vez que unos amigos míos se propusieron seriamente encontrar a alguien conveniente discutieron tanto entre ellos acerca de si era o no para mí el candidato que casi se pelean. No llegaron a nada.

"¿Será que no se quieren meter?", inquiere Carlota. "Me gustaría tenerlo más claro, pero, no habiéndolo logrado, prosigo".

Tiempo después se olvidan de todo lo anterior y te comentan, por ejemplo, "Mi amigo Fulano, el arquitecto ese tan buen mozo, se enganchó con una tarada, no sabés". "¿Por qué no me lo presentaste a mí?", pregunto con cierta timidez levemente falsa. "No me acordé", te contestan.

Otra: "¿Te acordás de aquel viudo que te iba a presentar? Se lo presenté a mi amiga Marta y están chochos".

Por suerte te enterás al tiempo que no se aguantaron porque él era miserable y muy loco, porque si no sería durísimo.

Y aunque no lo puedas creer, la única vez que estuvieron un poco más cerca de presentarme a alguien... ¡era un amigo mío!

AGENCIAS MATRIMONIALES

"¿Por qué no vas a una agencia matrimonial así te resuelven todo?", te pregunta otra amiga. Porque si me consiguen alguien parecido a mí no sé si me va a gustar, pensás.

Desconfiada como te volviste, sospechás que es ella quien quisiera probar pero no se anima o no quiere hacer el gasto.

Como estás dispuesta a todo (y además por algo habías guardado unos avisos recortados de una revista en tu agenda) te dirigís a averiguar en la que te parece más seria.

Bastante nerviosa, llegás a la cita en la pequeña oficina céntrica en la que una empleada, entrenada al mejor estilo Dale Carnegie, te muestra un book (sí, como si se tratara de modelos...) de posibles candidatos. Vas mirando.

Poco después aparece una señora muy atractiva con un cierto look a la madre de Rodrigo[20] que te informa, sin oblar nada hasta el momento, lo feliz que es una señora que conoció a través de la agencia a un señor muy rico que viaja todo el tiempo. Después, en la conversación, como de paso, te dice que la señora, morocha, se tiñó de rubia porque a él le gustan rubias, que la señora, gordita, bajó nueve kilos porque a él le gustan flacas. Y que la señora, que tiene terror de los aviones, toma siete pastillas calmantes para poder viajar con él.

Colegís que este sistema no es para vos y antes de dejar datos como para que te pongan en el book decidís que es demasiado trabajo y que es mejor estar sola el resto de tu vida si todo es tan difícil. Y te vas justo antes de cerrar trato y pagar la cifra abultada que tu amiga no quería pagar.

DE AUTO A AUTO

Perdí probablemente las dos únicas ocasiones y todavía lo lamento. Tal vez fueron más de dos pero, así como están las cosas, espero sinceramente que queden otras.

[20] Cantor popular fallecido trágicamente.

LOS AUTOS HABLAN POR ELLOS

(Sólo que ellos parecen no darse cuenta.)

Un señor mayor de pelo blanco en una 4x4 carísima significa:

a. Que tiene plata para comprarla.

b. Que para llegar a su campo hay algún kilómetro de barro (fijate si no está demasiado resplandeciente porque en las cocheras no suele haber barro).

c. Que necesita apoyar sus recursos en baja con muchos kilos de cromados y autopartes.

Un muchacho joven en un auto destartalado significa:

a. Que no se calienta por el auto porque se calienta con facilidad en otras áreas.

b. Que es un vago y no se ocupa de mantenerlo y lavarlo.

c. Que sus intereses pasan por otro lugar y lleva perfil bajo.

d. Que posiblemente esté casado y tenga chicos y no le alcance para cambiarlo. O sea, técnicamente no disponible.

Como dicen las chicas, la capacidad amatoria a menudo es inversamente proporcional al valor del auto. Casi te lo pueden firmar.

Esto te puede crear inseguridades y conflictos a la hora de salir con gente fachera o paqueta. Pero te aseguro que si dejás las consideraciones del status de lado, la sonrisa que se te va a instalar en la cara va a justificar ampliamente las molestias de circular en un modelo 83.

En este punto quisiera agradecer públicamente al señor de la chatita que un día de verano me gritó "¡Chau divina!", mientras descargaba garrafas de gas. También al camionero que me gritó "¡Mami!" desde lo alto de una cabina que impidió todo intento de diálogo posterior. ¡Ellos, mis anónimos elevadores del ego, no parecían tener problemas y me arreglaron la autoestima de un hondazo! Siempre lamenté no haberles contestado "¡Gracias, Papi!"

SOLOS Y SOLAS

"¿Por qué no vas a reuniones de solos y solas?" Te pregunta otra amiga, casada por supuesto. "A lo mejor sirve." "Porque no estoy sola, busco pareja que no es exactamente lo mismo", le decís.

Y porque hay pocas cosas más deprimentes que acercarse a un grupo diciendo vengo acá porque estoy sola y ustedes también. Y porque si alguna vez te acercaste a uno, como mi amiga Marta que fue a todos los grupos que existen, sabrás que la concurrencia habitual es de cuarenta mujeres por cada varón.

"¿Por qué no aprendés a jugar al bridge como te recomendó Marta?", pregunta, harta, Carlota.

"Porque voy a encontrar un señor que los fines de semana solamente va a querer jugar al bridge", contesto. "Se me había ocurrido ir a lo del ginecólogo, pero me enteré de que se casó".

DECÁLOGO ESPECIAL (DE 8 PUNTOS) PARA SABER CUÁLES MOVIMIENTOS NO SIRVEN PARA INTENTAR CRUZARSE CON EL HI

1. Subir y bajar por el ascensor un montón de veces para ver si te encontrás con ese tipo pintón que ayer estaba charlando con el portero. Vas a llegar tarde a todas partes.

2. Sentarte en una confitería con cara de interesada en el libro que estás leyendo. El único que se te va a acercar es el mozo a preguntar qué querés tomar.

3. Esperar que se te siente al lado en un avión. Por lo menos a mí, las últimas veces se me sentaron chicos que se la pasaron volcándome gaseosas encima, tres mujeres, un muchacho de diecisiete años que durmió las trece horas del viaje y un señor tan obeso que tuve que cambiar de lugar porque no cabíamos los dos. La única vez que me tocó al lado un divino, tenía siete años menos que yo y se entretuvo contándome sus penas con las mujeres de su vida. Igual, puedo hacerte una recomendación importante. Mantenete alerta y, si se te da algo, no olvides tus afectos personales a bordo.

4. Hablando de aeropuertos, no te confundas. Es un hecho de la realidad que todos los señores agradables que están sentados solos en el preembarque lo están porque esperan a la señora (a veces la legítima, a veces no tanto) que está haciendo de goma la tarjeta en el duty-free. Ya sabrás la cantidad de perfumes que se puede comprar en un ratito.

5. Esperar que se siente a tu lado en la sombrilla, en la orilla del mar. Todos van a veranear acompañados.

6. Llamar a un contestador con el que te comunicaste por error y en el que aparece una voz maravillosa. Se-

guro que es casado y encima ahora se puede saber el número de quien llama.

7. Atajarlo camino al baño en una confitería. Si está apurado te va a contestar mal.

8. Pedirle fuego después de veinte años de haber dejado de fumar. Te puede caer pésimo y arriesgás retomar el pucho.

¿CÓMO SIGUE ESTO? ESTUDIANDO

Toquemos otro tema esencial, o sea, cómo reconocer a un recién separado.

Como ya dijimos, las chicas opinan que por lo general, los hombres recién separados están más tristes y las mujeres más tranquilas. La experiencia indica que conviene dejarlos circular un tiempo, hasta que agoten su necesidad de demostrarse a sí mismos y a todos los demás cuán maravilloso es estar libre (aunque duerman en un colchón en el piso e ignoren las instrucciones básicas para la elaboración de un té). Pero no demasiado tiempo porque a lo mejor se enganchan con alguna piba joven de la docena que suelen revolotear a su alrededor durante el primer año. O sea que hay que actuar despacio pero apurada, porque si lo tomás con calma lo acosa otra y si lo acosás dispara.

Difícil. Casi tanto como encontrar las llaves en la cartera.

TIPOLOGÍA DEL RECIÉN SEPARADO. CONSEJOS ÚTILES PARA RECONOCER SI SE SEPARÓ HACE POCO

Fundamental, importante, inevitable, aprender a leer entre líneas.

Si te dice:

♥ Que encontró un restaurante muy simpático y bueno, donde tienen precios normales, "porque no es cuestión de dejarse robar".

Traducí: Le dejó más de la mitad a la ex y no piensa gastar nada de más con ninguna otra mina[21].

♥ "Mi ex tiene un problema familiar serio y no puedo desentenderme, ¿viste?"

Traducí: Sigue enganchado.

♥ "Tengo muy buena relación con mis chicos, voy a acompañar a las nenas a gimnasia y al odontólogo y al mayor a una fiestita que empieza a las 12 de la noche."

Traducí: Está muerto de culpa y con miedo de perderlos.

♥ "Estos procesos son difíciles, hay que reconocerlo, y además no siempre terminan como uno quisiera".

Traducí: Se fue por otra que cuando quedó libre no le dio bola.

♥ Si te llama a cada rato hasta hacerse insoportable.

Traducí: Es incapaz de estar solo. Podés insinuarle que querés casarte para lograr que desaparezca.

En realidad, una ganaría un montón de tiempo si al rato de conocerlo pudiera observar sólo por un ratito a la ex. O a la familia. De él. Porque aunque no hay que medir por los parientes, ayudaría a leer algunos datos clave.

[21] Mujeres en lunfardo.

Como la lucha es cruel y es mucha aquí va este cuentito que se lee en los cursos donde intentan desarrollar tu agresividad empresaria:

Cada mañana en África se despierta una gacela.
Sabe que deberá correr más rápido que el león o será muerta por él.
Cada mañana en África se despierta un león.
Sabe que deberá correr más rápido que la gacela o morirá de hambre.
Cuando salga el sol, no importará que seas león o gacela.
Será mejor que empieces a correr.

Por lo que escuché hace poco de tres mujeres en la peluquería, lo de los viudos parece ser otro mito urbano. En tres minutos me destruyeron la opinión que te-

nía al respecto. Me parecía la situación soñada, pero parece ser que convivir con la pobre difunta idealizada es más difícil que con una ex furiosa dispuesta a todo.

PEQUEÑO RECUADRO PARA LOS VIUDOS

"Conocí a un viudo", te dice Marta.

"Te envidio", le contestás, "por lo menos no tiene quilombos con la ex".

"Eso creía yo también", contesta Marta.

No menos importante es detectar a otro personaje con el que es frecuente cruzarse y que puede tener consecuencias nefastas para el ego de una. Por eso lo que sigue.

INSTRUCCIONES CONCISAS PARA LA DETECCIÓN RÁPIDA DE NARCISISTAS

Una de las cosas que aprendí a lo largo de los años, por suerte, es a detectar a los narcisistas. Sí, a los narcisistas. Es más, he desarrollado una habilidad específica que antes no tenía. Los detecto a primera vista aunque estén detrás de un vidrio polarizado. (Que es, por otra parte, el envoltorio que más les gusta porque creen que así parecen más importantes.)

Para empezar, he constatado que, como son muy pícaros ya no vienen como antes, vestidos de griegos. Ni se miran en el charco ni dicen "¡Qué bello soy!" No. Ahora parecen gente normal, a veces hasta son confundibles. Son algo así como simpáticos truchos.

- El narcisista prototípico te habla sólo de sus cosas sin preguntarte jamás detalles de tu vida. Se acuerda de los nombres o datos de quienes le interesan a él pero jamás registra un deseo tuyo.

- Sigue siendo narcisista cuando te regala lo que a él le gusta, cuando te lleva a ver la película que a él le interesa, cuando te invita a restaurantes donde se come lo que él quiere. O sea todas las veces en que ni se le ocurre pensar qué te gusta/pasa/interesa/esperás/querés vos.

Son, en resumen, unos inseguros, totalmente pupocéntricos[22], que te hacen sentir muy mal para poder sentirse bien ellos.

Nuestras abuelas los llamaban egoístas. Pero después pasó Freud por aquí.

LA PERSONALIDAD NARCISISTA

...Tienen gran necesidad de ser amados y admirados y se detecta en ellos una curiosa contradicción entre un concepto muy inflado de sí mismos y la desmedida necesidad de recibir el tributo de los otros. Su vida emocional carece de profundidad; experimentan escasa empatía por los sentimientos de las demás personas; encuentran pocos motivos para disfrutar de la vida... envidian a otras personas; tienden a idealizar a determinados individuos... y a desvalorizar a otros. En general, sus relaciones con los demás tienen un carácter netamente explotador y en ocasiones parásito. Es como si sintieran el derecho de controlar y poseer a los otros y de explotarlos sin culpa; bajo su aparente simpatía y encanto es posible percibir una naturaleza fría y despiadada...[23]

[22] ¿No es lindo mi neologismo? Significa concentrados en su propio pupo u ombligo.

[23] *Desórdenes fronterizos y narcisismo patológico*, Otto Kernberg, Ed. Paidós, Buenos Aires, 1979.

Decime, a medida que ibas leyendo, ¿no te resonaba algo en algún lugar? ¿Estás segura de no haberte cruzado nunca con uno? ¿O entran unos cuantos de tus conocidos en esta definición? Bueno, no quiero que te deprimas, pero además se trata de una personalidad muy difícil de modificar.

LAS OCASIONES PERDIDAS (PORQUE, QUE LAS HAY, LAS HAY)

Lo que sigue es el relato de varios desencuentros. O sea de tipos con los que no me encontré.

EL VECINO

Había un vecino que me encantaba en el edificio donde iba a veranear.

Me pasé el mes subiendo y bajando en el ascensor, de un cuerpo al otro del edificio, con pareo, con bikini, con remeras ajustadas. Nada. Crucé los pasillos de noche para subir por un ascensor y bajar por otro para que mis posibilidades se incrementaran. Nada.

La única vez que tomó el mismo ascensor que yo había cinco personas más y yo me dirigía a un asado abrazada a una ensaladera llena de repollo.

Me preguntó "¿Salís a pasear?" "Sí", le contesté nerviosa. "Voy al cine y siempre me gusta llevar algo para comer."

"No deberíamos considerar este encuentro como romántico, ¿no?", pregunta Carlota.

"No, efectivamente. Perdí la oportunidad, pero ¿qué querías que hiciera? No siempre se me ocurre la respuesta adecuada."

DESTIEMPO

Este cuento figura aquí para que, si el muchacho del auto azul lo lee, sepa que la chica de traje amarillo lo está esperando desde entonces.

Era una tarde de principios de primavera y no recordaba haber estado muchas veces tan agotada, apaleada, como ese día.

Tenía puesto un traje amarillo con el que habitualmente se sentía una reina, pero eso tampoco ayudaba. Sostenía el volante del auto mecánicamente, tratando de usar los pocos reflejos que le quedaban para evitar un choque, metida como estaba dentro de esa caravana de regreso, típica de las seis de la tarde.

"*Con me ci son sempre io...*"[24] cantaba Ornella Vannoni. Los autos avanzaban a paso de hombre y sin embargo, dentro de su cabeza los sucesos de los últimos días desfilaban a velocidad vertiginosa. "Zapping imposible", pensó, "esta película la vas a ver unas cuantas veces aunque no quieras".

Luego todo pareció concentrarse en su garganta, sintió ese enorme, insoportable nudo y empezó a llorar suave, tranquilamente. Sentía unas lágrimas fáciles que bajaban por la cara, por el cuello, por la blusa. "Menos mal que el tránsito está lento", pensó al tiempo que buscaba la caja de pañuelos de papel. Cambió la radio. Salvador, como si lo hubiera llamado, apareció Vivaldi.

Las imágenes seguían su danza descontrolada. "Todo esto me duele demasiado", pensó, "¿qué tengo que hacer para olvidarme?"

[24] "Conmigo estoy siempre yo..."

En ese momento tuvo la sensación de que un auto azul estaba por rozar el de ella.

"¿Por dónde querrá pasar?", dijo en voz alta, mirando los seis carriles de autos parados. Mientras trataba de controlar las lágrimas giró la cabeza y vio que desde el brillante auto azul un hombre joven, de barba canosa, asomado a la ventanilla le hacía señas de que bajara el vidrio. Lo bajó un poco y oyó que la invitaba a tomar un café, mientras avanzaban apenas un par de metros. "No estaría nada mal", se dijo, pero apenas lograba controlar el llanto. Sonrió, una sonrisa mojada, tratando de ganar tiempo. Mientras tanto él, asomado a la ventanilla, seguía hablando. Dudó. "¿Qué hago, acepto, le doy mi teléfono o le pido el de él, qué hago si voy y me largo a llorar? Qué papelón".

Seguían avanzando poco a poco, metro a metro.

Cuando iba a darle un número sintió una sensación rara. Miró por el espejo retrovisor y no pudo creer lo que veía. El auto que la había estado acompañando en los últimos trescientos metros a paso de hombre se iba en dirección opuesta, retomando la avenida en una maniobra impaciente, enojada, loca. "Se ve que no soy ni bastante fácil ni suficientemente decidida", se dijo triste. "Es un ansioso más y es mejor perderlo que encontrarlo", se consoló casi con alivio.

El tránsito aflojó un poco después del puente. Dobló en dirección de su casa. "Debo haber perdido mi oportunidad, dos veces no se va a dar", reflexionó. "Lástima, era lindo, tenía una sonrisa simpática".

Lo extrañó mucho tiempo. Y siguió buscándolo algunas veces, por la avenida del Libertador, a la altura de Olivos, de tarde, cerca de las seis.

Porque hubiera querido explicarle que una mujer linda, con un traje amarillo con el que se siente una diosa, al volante de un auto rojo resplandeciente, puede estar muy, muy triste. Tanto como para no parar a tomar un café por miedo de largarse a llorar.

EL CONTESTADOR DE UN DESCONOCIDO

Hubo un tiempo en el que llamaba frecuentemente a una amiga que tenía un número difícil de recordar. Me equivocaba al discarlo y entonces aparecía un contestador en el que una voz maravillosa de hombre me pedía que le dejara mi mensaje.

No se lo dejé nunca. No me animé, a pesar de que varias veces marqué el número mal a propósito.

Me hubiera gustado decirle que me llamara, que se notaba que era buena persona y que tenía un tono de voz divertido.

Muchas otras veces tuve la impresión de estar en el lugar correcto a la hora equivocada, o viceversa, en el lugar equivocado a cualquier hora. Para conformarme opté por pensar que seguro que todos los que se perdieron eran casados.

UN MOMENTO DE TRISTEZA

La situación es ésta: tenés amigas y amigos (sí, se puede, creo en eso) del alma. Tenés mucha gente que te quiere mucho, pero te cuesta encontrar alguien que te ame. Alguien para compartir los buenos momentos, los de alegría. Porque en los otros querés estar sola, en la cama y con la cabeza tapada con la almohada.

Entonces todo parece insoluble. Como si caminaras

sola por la cinta de Moebius. No conocés gente nueva y te ataca una mezcla de depresión y furia los sábados a la noche cuando te parece que todo el mundo sale con alguien (léase un tipo) menos vos.

Te atacan las ganas de irte lejos a ver qué te depara el destino. A lo mejor ni siquiera tan lejos. Te correrías de código postal para sentir que algo cambia. Te deprimís cada vez más y te convencés de que lo tuyo no tiene salida.

Bueno, alegrate, sos normal.

"A veces tiendo a creer que soy sólo yo", dice Marta. "Pero tengo muchas amigas y conocidas en la misma situación, con falta de amor masculino y pareja".

"O sea, dice Carlota, que el problema es endémico."

"Casi", contesto.

TAL VEZ TE HAGA FALTA UN "COSO"

No, no seas mal pensada, no hablo de "eso".

Yo tuve uno durante bastante tiempo. Después dejé. Después retomé. Como los gimnasios.

Antes se llamaba analista. Después fue el terapeuta. Hace unos años la onda era viajar a ver a un gurú. Ahora puede ser un terapeuta floral, un psicólogo alternativo, un analista lacaniano o gestáltico o, como el mío, un coso. Lo llamo así porque no logré definir cómo se llama lo que hace. Por suerte, él está seguro de lo que practica aunque nunca haya logrado darle nombre. Pero me ayuda, yo me siento bien y él está de acuerdo con que lo llame así.

Haciendo zapping escuché en un programa de TV que para avanzar con seguridad en la ruta hay que mirar de vez en cuando el espejo retrovisor. Me pareció que hablaban de la vida y de la terapia.

A veces hay que sacudir el frasco para que entren las galletitas. Para que se acomoden.

BLUES DEL RÍO DE LA PLATA

Tengo una amiga que dice que los novios habría que ir a buscarlos a Europa porque allá la gente es más clara y menos machista.

Este texto maravilloso parece corroborar su teoría.

Raúl Lavié, el cantante entrevistado, escucha con orgullo las anécdotas que relata a la periodista su mujer, una ex azafata que lo conquistó primero haciéndose la ahogada en el río y luego siguiéndolo cuadras enteras con su auto.

"Nunca me fue mal con las mujeres. Para qué mentir. Laura me casó (con s y con z). No vivo pendiente de mi imagen pero sí soy coqueto. ¿Machista? No, a Laurita le puse un negocio de decoración pero duró poco. Me salía más cara trabajando que en casa. Ahora me ayuda a programar mi agenda. Ella es feliz reinando en el hogar".[25]

¡Chan Chan!

"Demasiado Sabina, demasiadas telenovelas", sugiere Carlota.

"Yes", contesto en inglés sin saber bien por qué.

[25] *La Nación*, última página, fecha no registrada, aprox. 1998.

"A mí me gusta pensar que alguien se pierde la ocasión de su vida si no me encuentra".

CAPÍTULO VII
SI TIENE QUE SER SERÁ (POR FAVOR, ENVIAME UNA SEÑAL)

Andábamos sin buscarnos pero andábamos sabiendo que íbamos a encontrarnos.
Julio Cortázar

¿CON LA ANSIEDAD QUÉ HACEMOS?

Porque atacarte, te ataca. Te lo digo así de frente por si todavía no te sucedió. Es inevitable. Más todavía cuando ves que todos los ex maridos que conocés, incluido el tuyo, ya van por la cuarta pareja.

Ante tu dificultad fehaciente para encontrar un macho de la especie y frente a la sensación de irreversibilidad que te da el status de "sin pareja", llega un día en el que mirás con cariño al cadete de la verdulería (¡de 16 años, degenerada!) o al motoquero de la heladería, tan bonito con su traje flúo. O esperás ansiosa al señor que arregla la calefacción que tiene una voz divina por teléfono. Cuando llega, resulta que tiene veinte años más que vos y está muy malhumorado porque es muy difícil estacionar la camioneta cerca de tu casa. Y la voz ya no suena tan linda.

Yo sé que si tiene que ser, será. Soy fatalista y sé que me vas a dar una señal. El problema es que me falta cursar Ansiedad II y III y estoy considerando anotarme en un curso nocturno de Impaciencia I y II.

Porque nadie puede creer que yo todavía no tenga novio. Yo tampoco.

Aquí abro un paréntesis porque me acordé de una amiga que desde hace años despierta mi peor envidia.

Siempre, sabés lo que quiero decir, siempre tiene un tipo al lado. Que suele ser pintón y que le hace regalos increíbles.

No sé cómo lo logra, pero su talento me hace sentir Salieri. Yo mientras tanto sólo conseguí que un amigo del alma histeriqueara conmigo mientras salía con otra, su actual pareja. (¿Viste, Carlos?, me di cuenta.) Seguimos siendo amigos porque nos queremos mucho. Pero para aclarar esto ni la inteligencia emocional sirve.

"Me pasaron el dato de que hay un medicamento de venta libre para la ansiedad que se llama Nodarbol 500mg."
"Sí, a mí me dijeron en la farmacia que podés automedicarte y empezar con una dosis doble. No tiene contraindicaciones".

"Deberías crear un machete de emergencia", dice Carlota, "por si de repente pasa algo. No es una situación corriente".

Lo pienso. Carlota tiene razón.

MACHETE BIEN PENSADO (MODESTAMENTE) PARA ENCUENTROS INESPERADOS

Este machete tiene sentido, porque si esperás que pase, pasa, te toma desprevenida y metés la pata, te vas a querer cortar las venas.

1. Preguntale: "¿Sos normal?" Sí, de frente, como en el machete Nº1. No es lo estrictamente tradicional pero te puede llegar a ahorrar muchos disgustos. Aunque ni siquiera tengas la menor sospecha de lo que es ser normal.

2. Cualquiera sea tu edad, sacate entre cinco y diez años si se toca el tema. Si tenés miedo de pisarte después, es mejor que lo distraigas comentándole que te parece que acaba de entrar un elefante en el restaurante.

3. Ni se te ocurra contar tus capacidades, habilidades o logros hasta bien avanzada la relación. A ellos les encanta *charlar* con minas capaces e inteligentes. *Todo lo demás* lo hacen con mujeres del tipo "Sí, papi".

4. No le cuentes lo que tenés, y si podés, hablá menos de lo que tengas ganas. Es mejor el perfil bajo por cuestiones de competencia.

5. No interrumpas cuando te esté halagando. Es una manía muy nuestra. Simplemente decí gracias y poné cara de modesta.

6. Cuando no quieras contestar una pregunta usá el

viejo sistema de los judíos y de los analistas y contestá con otra pregunta, por ejemplo: ¿Por qué me lo preguntás?

7. No creas en el amor a primera vista. Existe, pero es poco frecuente y es demasiado optimismo creer que te va a tocar a vos.

8. Registrá que todo está muy lleno de mujeres. O sea, si se te presenta la oportunidad no la dejes escapar.

9. No vayas muy seguido al baño. Marta, una compañera mía de colegio, perdió sus mejores oportunidades porque cada vez que un tipo trataba de hablarle se iba a "la toilette", como decía ella.

10. Pensá rápido en qué ropa interior tenés puesta.

"Tendrías que parar acá", dice Carlota, "es imposible prever todo".

"Tenés razón, no se puede".

"Igual podrías agregar que hay que estar depiladas y manicuradas las 24 horas del día los 365 días del año. Es muy duro lo nuestro, ¿te fijaste?".

"Sí, mucho más trabajoso que para ellos. Como casi siempre."

Pero me parece que aquí va bien lo que dijo Schopenhauer: "No hay ningún viento favorable para quien no sabe a qué puerto se dirige."

ESCUCHATE UN TANGUITO

Digo yo, ¿vos entendés lo de los tangos?

¿Cómo puede ser que los puntos siempre estén añorando minas que se fueron, percantas que los amuraron en lo mejor de la vida o tengan nostalgias de su risa loca?[26] Cuando se escribían los tangos, ¿no sobraban minas como ahora? A mí, las corcheas y las fusas del 2 por 4 me dejan bastante con-fusa.

¿No habrá llegado el día de que escribamos las letras nosotras?

EJEMPLO DE TANGO FEMENINO

Atorrante, reo loco,
que me hiciste el laburito,
lentamente, poco a poco.

Me dijiste que me amabas,
que era linda, inteligente,
que conmigo soñabas,
que morías de amor por mí.
Prometiste que llamabas
que pasabas a buscarme.
¿Qué pasó que estoy aquí
esperando tu tubazo,
esperando que me llames
para poder oír tu voz?
Pero el ¡hola! nunca llega.
No llamás, no llamás nunca.

Me dijiste que me amabas.
Mentiroso, histeriqueaste.

[26] Puntos: hombres; percantas: mujeres; amurar: abandonar, engañar, en lunfardo.

Sos igual que los demás,
los que prometen llamar.
Pero el ¡hola! nunca llega...[27]

La verdad es que algunas canciones reflejan una vida ideal, soñada, de aquéllas. Cómo no van a adorar a Sandro[28] tantas mujeres. ¿Vos creés que alguien en la vida real les dice alguna vez "Rosa, Rosa, tan maravillosa" o "Y no me pidas que no te ame así"? ¿Vos conocés a alguna a quien se lo hayan dicho personalmente?

¡Justo ahora histeriquean ellos! ¿Lo hubieran creído nuestras abuelas? ¿Por qué será que todo parecía más claro antes?

Los carriles estaban mejor señalizados.

EL AMOR POR INTERNET

Ahora todas podemos tener mouse, teclado, monitor y un servidor; pero esto igual no impide que sigamos bastante mal servidas.

A mí me avivó una amiga como cuando éramos chicas. Me aseguró que es una manera casi infalible de conseguir pareja.

Decidí hacerle caso y probar. Me llevó horas aprender a entrar en el sitio. Tuve que leer no sé cuántas cosas inútiles hasta descifrar algo tan maravilloso como Cupido Net. Me parecía lento, aburridísimo, pero mi espíritu de sacrificio no tiene límite.

[27] Atorrante: vago; reo: sinvergüenza; laburito: trabajito, aquí con sentido de conquista; tubazo: llamada telefónica, en lunfardo.

[28] Cantante argentino adorado desde hace muchos años especialmente por las mujeres maduras.

Se cortaba a cada rato, desaparecía la página y allí empezaba yo a tratar de cazar a Cupido de nuevo, claro que sin arco ni flechas.

Bueno, admito que a pesar de cierto entrenamiento adquirido por necesidad no soy lo que se diría cibernética, pero igual intenté chatear, no creas.

Lo que pasa es que no le veo demasiado gollete a eso de chatear. No entiendo lo de charlar con alguien que no conocés, en un lugar tan alejado que impide cualquier posibilidad de encuentro, que en mi breve experiencia suele tener treinta años menos que vos y que además puede mentir a lo loco protegido por la pantalla del monitor.

Pero lo intenté. Para estar en paz con mi alma y no sentirme culpable de nuevo por haber desperdiciado la oportunidad de mi vida.

También me estimuló que me contaran que una amiga de una amiga encontró a un tipo bárbaro en la web y se casó con él. Me sonó a mito urbano pero decidí creer. Más aún cuando recibí un mail de mi amiga, la que vive en EE.UU., diciéndome que se casa (!!!) con un señor maravilloso de origen cibernético. Traté de obviar, eso sí, los veintidós tipos con los que ya salió otra amiga mucho más metódica y persistente que yo porque ninguno servía para más que el primer café. Y porque ésos también dicen te llamo. Y después ni siquiera te chatean.

"Los métodos cambian pero las mañas quedan", apunta Carlota.

"Sí, definitivamente. Y punto com.", contesto yo.

POR FIIIIIIN

El azar tiene que ver en esto. Te das cuenta fácilmente si calculás cuántas pueden ser las chances de que tu HI y vos se encuentren en el mismo momento en el mismo lugar. Y se vean.

Pero bueno, de vez en cuando la vida... te da una sorpresa. Una tarde cualquiera, porque sos de Piscis o de Aries o del Caballo del Horóscopo Chino conocés un tipo nuevo y salís del círculo vicioso.

Se dio. Encontraste/apareció alguien. Ahora tenés dos opciones. Podés tener miedo de fracasar o entrar en pánico... de fracasar.

Superada esta desagradable fase inicial entrás en fase II. Te embarga esa alteración tan única que aparece cuando una tiene la sensación de estar gustando, o sea la adrenalina necesaria para iniciar la conquista.

Parece que se va a llenar el vacío existencial de los sábados a la noche.

Rebobinemos. Por fin encontraste a alguien. Ahora se supone que tenés que ser capaz de dejarte de pavadas.

Bueno, no es muy fácil pero podemos probar. Estás asustada pero no podés desmayarte ni morirte ni nada. El gran amor, el verdadero, hay que enfrentarlo descontracturada; por lo menos intentarlo.

En italiano se dice "È meglio il rimorso che il rimpianto"[29]. Sabios los tanos.

Te va a servir tener presente que ellos se sienten siempre dioses. Sí, pelados, gordos, con dientes técnicamente iguales, con panza o mal vestidos van a la conquista. Podés relajarte. Porque la verdad es que no se fijan mucho en los detalles. Digamos que te miran las lolas y el culo.

Es un hombre. Y parece reunir unos cuantos de los requisitos esenciales de tu lista. Y por fin te llama. Vos te ponés contenta y se te nota, claro.

Como nada es tan fácil, te va a atacar lo que me gusta llamar "el síndrome del restaurante". A saber.

Empezás a salir con él. Una, dos, tres veces. Te va gustando.

Allí lentamente aparece, hasta inundarte, una sensación de confusión bastante aproximada al gataflorismo[30].

Se te ocurren ideas tan brillantes como ésta: ¿No conoceré en los próximos días a alguien más joven/inteligente/buen mozo/alto/rico/flaco/sexy/deportivo/culto/divertido?

[29] Es mejor el remordimiento que lamentarse por lo perdido.

[30] Expresión derivada de un refrán popular nada fino, que para describir a la gente insatisfecha dice: "Es como la gata Flora, cuando se la ponen grita y cuando se la sacan llora."

Esto inmediatamente te impide disfrutar el hecho simple y elemental de que haya aparecido un tipo con su correspondiente cuota de emoción y alegría.

¿Por qué síndrome del restaurante?

Porque me pasa igual cuando me siento, leo todo el menú, dudo y por fin creo que elijo lo que me gusta. Un segundo después me parece mucho más rico todo lo que eligieron los demás.

Suele suceder algo más en esos primeros momentos.

Aparecen, como perro en celo oliendo las hormonas, el tipo que no te llamó más después de una cena, el amigo de hace treinta años que acaba de superar la crisis de su divorcio y dos muchachos nuevos (algo que no te pasó en los últimos dos años).

Logran que te sientas igual que cuando tenías catorce años: no sabés qué hacer ni con cuál de ellos salir.

RECOMENDACIÓN

En ese momento no escuches los comentarios de nadie. Ni de tus amigos, ni de tus hermanos, ni de tu madre. A todos los incluyen las generales de la ley. Tienen intereses creados, especialmente tus hijos. Ellos, tus queridos hijos, lo primero que van a hacer, especialmente si son adolescentes (y ojo, que hoy la adolescencia termina pasados los treinta, con suerte) es poner cara de culo. Sí, a vos que les bancás un cambio de novia semanal.

Cuando veas las caras que ponen cuando les presentes al tipo ese que te gusta tanto es probable que quieras proponer al Congreso un proyecto de Ley de Divorcio de los Hijos Adolescentes. Podés tener buenas posibilidades de éxito.

Me regaló un perro salchicha que llora desde hace tres días, mordió todos mis zapatos y hace pipí sobre la alfombra. ¿No será que no me quiere ver más?

EL PRONÓSTICO DEL TIEMPO

Mirabas el mapa del diario
y hablabas de isobaras y tendencias.
Yo miraba tus ojos.
Describías movimientos
y regiones climáticas.
Yo moría por explorar tu cuerpo.
Comparabas presiones
y temperaturas.
Yo perdía el control
de mis calores y mis fríos.
Gesticulabas con el diario en la mano,
yo espiaba el vello de tu pecho.
Cuando creí que ibas a decir
"mañana llueve"
te pusiste de pie como para irte
y preguntaste
"¿querés que hagamos el amor?"

Soplaron alisios y monzones,
pasaron cometas,
cayeron estrellas en los balcones.
En un relámpago fugaz
abrimos la cama
a los tirones
para jugar al juego
de las lluvias que se encuentran
en medio de un tornado
de abrazos y de besos.
La luna miraba, cómplice,
por la ventana.

Llegó la calma.
Mientras mis dedos tocaban
la nieve de tu pelo
un arco iris asomaba
en un rincón del cielo.
Dejé de abrazarte
y vi que el diario, olvidado,
anunciaba, desde el suelo,
sol para mañana.

EL SÍNDROME DE "TOCO Y ME VOY"

Por fin termina el siglo y puede que con él se extinga la posmodernidad con sus peores características. Una de ellas es la de las relaciones descartables. Las de "me gustó, salgo una vez o dos, no llamo más, no quiero compromisos". Amores Made in Taiwan. Tres por un peso.

"TE LLAMO": UN MITO DEL FIN DEL MILENIO

Se hizo difícil creer en la palabra en estos tiempos de toco y me voy. Sin embargo, algo me hace suponer que cuando la palabra era eso, una palabra, un compromiso, si el hombre por ti admirado te decía te llamo, te llamaba. Aunque tuviera que hacer llegar el mensaje por medios tan poco prácticos como una diligencia o una carabela. Te mandaba un chasqui, el escudero o una nota perfumada. O se hacía escribir los poemas como Cyrano de Bèrgerac.

Hoy tenemos teléfono, celular, e-mail, fax. Y todo sirve para que no te llamen. Porque son tiempos de cheques diferidos. Y porque realmente la palabra como tal, como la usaban nuestros abuelos en las transacciones comerciales y en los compromisos personales, no existe.

Mis amigas y yo preferiríamos que nos dijeran: "No te llamo más porque me aburrí como loco la última vez que comimos juntos" o: "Antes que acostarme de nuevo con vos prefiero ir a la Antártida por seis meses", o "¿Qué te parece si no nos vemos más porque los dos lo pasamos pésimo?" Pero no, ellos prefieren decir "Te llamo". Parece que no saben que lastima mucho más. ¿O sí lo saben?

"Qué duda atroz has sembrado", medita Carlota. "Me parece que te olvidaste de que ellos juegan, juegan, juegan. Siempre."

"Lo que pasa es que prefiero olvidarme de eso", replico.

Mis amigas dicen muchas cosas más y suelen repetir que es mejor tener muchas ganas acumuladas que el sabor amargo de estas no-relaciones tan inestables. Por no decir de mierda.

DESHOJANDO EL TELÉFONO

Por favor, jurame que nunca te pasaste uno o dos días dudando si llamarlo o no. Jurame que no pensaste "¿Lo llamo o no lo llamo?" "¿Y si contesta o si no contesta?" "¿Le dejo mensaje o no?" "¿Corto o no corto si no está o si contesta o si no contesta?" "¿Espero un poco más para llamar?"

Es obvio que "te llamo", esas palabras tan temidas, no tienen el mismo significado para ellos que para nosotras.

Con lo cual te torturás varios días y le pedís consejo a cada una de tus amigas. Lo peor es que te los dan. Como tienen distintos puntos de vista sucede como con los médicos: por pedir varias opiniones ya no sabés si tenés que operarte o no.

Finalmente decidís que querés dejarle mensaje en el maldito contestador. Llamás a una hora en la que sabés que no está. No sabés qué voz usar. Ni demasiado sexy ni muy cortante. Más vale simpaticona. Te contesta el aparato. Hay siete bips antes que el tuyo.

Si andás con la autoestima baja, quedás convencida de que siete mujeres lo llamaron antes que vos. Y que es tarde. Y que eso te pasa por esperar demasiado.

Si la tenés alta pensás que son llamados de la tintorería, del service del televisor, de sus hijos y la ex para pedirle plata. Pero no ganás nada porque igual no sabés qué hacer.

La lógica sugiere que una debería poder informarle al muchacho en cuestión que está interesada. Así clarito nomás: "Me gustás mucho, ¿qué te parece si volvemos a salir para ver qué pasa?"

Lo que te puedo asegurar es que esta técnica no funciona aquí y ahora.

Lo que complica todo son las hormonas. Porque cuando la hormona de la duda entra en el torrente sanguíneo es nociva, como dice Francis Ford Coppola. Tanto que no sabés si acatar las instrucciones de tu mamá cuando te decía "Nena, dejá que te llamen, hacete desear" o llamar para acabar con la incomunicación como hacen las jovencitas que por principio nunca escuchan a sus madres, digan lo que digan.

O sea que es sí, pero es no, pero tal vez sí o tal vez no o viceversa. De cualquier manera te puede ir bien. O mal.

"Carlos me encanta. Lo llamé por una cuestión de trabajo, pero no me contesta desde hace una semana. No lo llamo yo porque va a creer que lo acoso (que es lo que me muero de ganas de hacer), pero por ahí se da cuenta y se estropea todo".
"Y así, ¿no está todo estropeado?"

TOCCATA Y FUGA EN SOL MAYOR. CASOS TÍPICOS

La primera vez que me engañas, la culpa es tuya.
La segunda, la culpa es mía.
Proverbio árabe

- Fueron al cine, discuten la película, coinciden, debaten. Dijiste un montón de cosas que le parecieron interesantísimas, te elogió y admiró. Lo pasaron muy bien. *No llamó más.*

- Te llevó a caminar por el Rosedal mirando la luna, te invitó a un boliche posmo, compartieron intereses, tuvieron la misma onda. *No llamó más.*

- Salen a comer, se divierten, se ríen, te cuenta su vida. Escucha algo de la tuya. Lo pasan bárbaro. *No llamó más.*

- Terminaron la noche en el telo, pura química. Te dijo que le encantaría ir a Mar del Plata, a pescar en el Sur, a esquiar a Mendoza, a escuchar un concierto, todo con vos, claro. *No llamó más.*

No necesitás que siga, ¿no? Tenés ejemplos mucho mejores que éstos.

"¿Será que llaman de nuevo a las minas con las que lo pasan mal?", pregunta Carlota en un ataque de lógica.

"¿Y los modales?", pregunto yo, enojada. "Por lo menos podrían poner las luces de giro".

Pocas situaciones desmoronan en instantes la duramente ganada seguridad de las chicas de cualquier edad como esperar que un tipo llame cuando dijo "Te llamo." Porque él no llama y ellas se quedan, en la mayoría de los casos, esperando para siempre.

Los pensamientos que suelen surgir a borbotones son: qué hice, qué no hice, qué dije, qué no dije, estuve ansiosa o desinteresada, muy provocativa o poco histérica, demasiado graciosa o aburrida, comí mucho, comí poco, estoy muy gorda o muy flaca, está casado, tiene pareja estable, me mintió.

Dice el doctor Juan Hitzig, conocido gerontólogo, que para envejecer sanamente hay que poder manejarse bien con la adversidad y con la incertidumbre. Se ve que a él nadie le dijo "te llamo".

Una amiga, casada y feliz ella, intenta arreglar mi vida.

Cada tanto me reta. Me quiere convencer de que la culpa de todos estos desencuentros es mía. "Sos demasiado directa, demasiado frontal, tenés que histeriquear más." (Esta amiga le suele decir a otra amiga común que no sea tan retorcida, que le conviene ser más frontal y llana, pero eso a los fines de la anécdota no interesa.)

Todas las veces, después de escucharla, pienso lo mismo: parecen estar muy lejos los días en que para cada roto había un descosido.

Entonces le digo: "No me des consejos, me gusta equivocarme sola. Y encima, cuando me equivoco, me gusta que piensen que erré por humana y no por mujer".

Estoy en el restaurante. Terminé de comer con Carlos, un amigo de muchos años, con el que tuvimos un intento de relación. Se me ocurre pensar "¿qué fue lo que pasó entre nosotros, por qué esto no fue?"

Entonces le pregunto.

"Decime, Carlos, ¿qué pasó?"

No me contesta. Porque para él no pasó nada. Para él es normal desaparecer, no llamarte nunca, no acordarse de que existís. O llamarte muy de tanto en tanto cuando quiere comer, como dice él, comida de olla. De mi olla, claro.

Decido que realmente necesito una contestación.

"Decime, por favor, quiero entender. ¿Por qué la mayoría reacciona así?"

Me contesta, llano y sencillo:

"A veces no llaman porque tienen el carnet lleno."

"Si tienen tantas, ¿para qué te invitan la primera vez?", pregunto.

No sabe, no contesta.

"Otras veces no hay sensación de piel", agrega.

La piel no es cuestión de cremas, pienso.

"Muchas veces tienen miedo." (Otro Carlos me dijo honesto y conciso: "Pánico".)

"¿De qué?", pregunto.

No sabe, no contesta. La introspección no es una de sus virtudes.

En vez de aclarar el tema empieza a narrarme sus vicisitudes con otras mujeres.

O sea que no necesito volver a preguntar por qué no fue lo nuestro.

No era *sis bashert*[31], diría una abuela judía.

[31] Destinado a suceder, lo adecuado, en idisch.

ALGUNOS EJEMPLARES DE LA ESPECIE CON LOS QUE ME TOPÉ

- El que me hizo sentir una diosa. Me mostraba como un trofeo, ostentaba conmigo. Pocos tipos te hacen sentir eso. Solamente los dioses. Me quemó con su luz. No contestó más mis llamadas.
- El coditopithecus que me hizo pagar el café a mí porque era el Día del Padre. Hubiera preferido que de entrada me dijera: "Invitame a tomar un café, estoy triste porque mis hijos están lejos." No le contesté más las llamadas.
- El tuttólogo[32]. La palabra lo define bien. Se considera especialista general. No podés decir una palabra sin que te dé una explicación aburridísima y no escucha a nadie que no sea él mismo. Seguramente no llamó más porque traté de interrumpir dos veces.
- El que no sé por qué me invitó a salir. Se la pasó de mal humor toda la noche. Los silencios entre bocado y bocado me hacían sentir como una pareja con cuarenta años de matrimonio. No llamó más, me ahorró inventar excusas.
- El de la cita a ciegas. Con él no sirvió ese corpiño maravilloso que hace aparecer las curvas en el lugar apropiado. Posiblemente el amigo común que intentaba relacionarnos le dio una versión poco clara de cómo era yo. No llamó más.
- El que no apareció en la confitería como había quedado. Es como un récord porque ni siquiera intentó llamar después.

[32] Todólogo en italiano. Se aplica a la gente sabihonda que pretende saber todo.

- El que tenía a la mujer y los hijos de vacaciones afuera. Y se dedicaba a calmar el síndrome de casado con ganas de joda, clásico de enero y febrero. No le contesté más las llamadas.
- El que si se caía de su ego se desnucaba y si tropezaba con su vanidad se rompía el pie. Me asombró descubrir tanta admiración por su propio ombligo. No le devolví una llamada que me hizo, seguramente por error.
- El que quería acostarse conmigo para tener más tiempo para contarme sus aventuras con otras mujeres. Le recomendaría a cualquier amiga que lo perdiera antes de encontrarlo. No le contesté más las llamadas.
- El que jugaba partidas simultáneas a pesar de su cara de nadie. Me enteré de que estaba saliendo con cua-

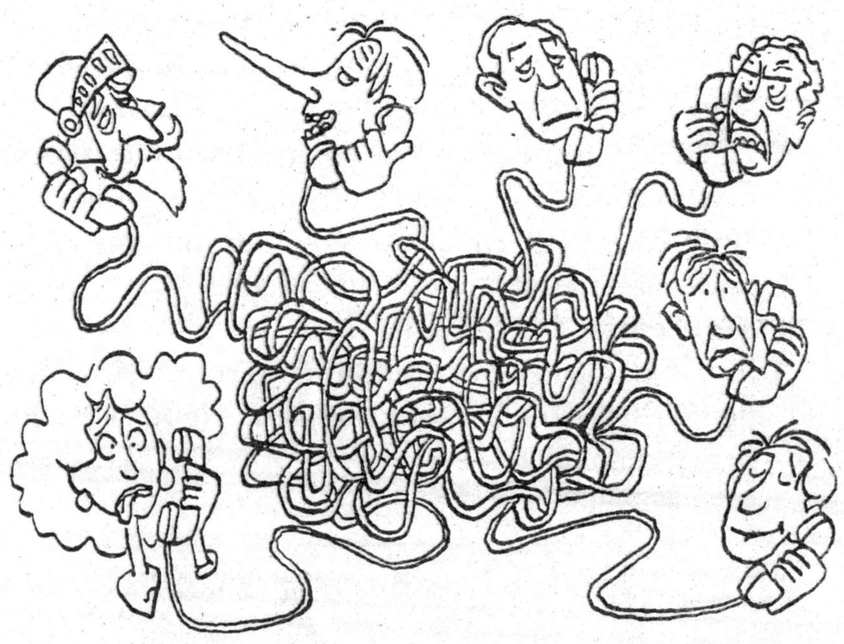

tro al mismo tiempo porque por casualidad conocía a una. No era mi target. Desconecté el teléfono.

- El de la cama celestial, que me llenaba la casa de flores pero me mentía tanto que casi me lleva a una paranoia grave. De vez en cuando me llama, pero no le contesto porque la carne es débil.
- El que nunca me tocó pero los dos supimos muchas veces que nos hubiera hecho muy bien abrazarnos. Nos seguimos llamando.
- El que estaba tan triste que me hacía sentir como Caperucita tratando de comerse al lobo. No llamó más.
- El de por mi bien te digo adiós. Y por mi bien se lo dije. Por teléfono. Y no sabés todas las cosas que me quedaron por decir.
- El del lucro incesante. Habló de dinero y sólo de dinero durante horas. No le contesté más las llamadas aunque debí llamarlo con cobro revertido.
- El de la cara de estar de vuelta de no haber ido a ninguna parte. Mucho para perder, nada para ganar. No me acuerdo si volvió a llamar.
- El fanfarrón imposible. Me acordé de una tía que decía que nadie alardea de lo que le sobra. No atendí cuando llamó.
- El que me dijo que se sentía un Quijote que se hacía cargo de todos los problemas de los demás. No me preguntó ni una sola vez cómo estaba yo. Rara manera de desfazer entuertos. No le fize más llamadas.

Después de todo esto me pregunto si lo mío es un problema de incomunicación telefónica. Tengo ganas de pedir el libro de quejas pero ya sé que nadie lo va a leer.

Debe ser algún problema con el diálogo. Es difícil mantener una conversación seria con ellos. Ningún tema de fondo dura más de un minuto. Se encargan de irse por las ramas en cuanto pueden para evitar el enfrentamiento.

"Viste que muchos hombres son como los horóscopos. Te dicen lo que tenés que hacer y encima están equivocados", aporta Carlota.

"En realidad son como el clima, nada se puede hacer para cambiarlos", contesto.

Me pregunto si habré terminado de pagar la última cuota del Kharma. ¿O me quedará siempre un saldo pendiente?

PRIMERA Y ÚNICA SALIDA CON OTRO CARLOS

Charlábamos tomando una cerveza en una hermosa noche de verano, al aire libre. Parecía París.

Me contó todo lo que le pasaba. Me habló de su ex mujer, de lo mal que se llevaba con los hijos. No logré emitir más de diez palabras. No fue un inconveniente porque todo lo que me había contado de sí mismo lo habilitó para hacer su diagnóstico de cómo era yo. Había logrado conocerme mejor que yo misma. Y aunque en dos horas no me preguntó ni por mi trabajo ni por mis hijos ni por lo que hago ni por lo que pienso ni por nada, me dio consejos de cómo manejar mi vida.

Chau, su ruta.

Decidí quedarme selectivamente con el recuerdo de la cerveza helada.

No es agradable cambiar de pareja. Es igual de cansador que ir a comprarse pantalones, hay que desvestirse a cada rato.

Además, me parece que hubo tiempos mejores. Cuando todo era para siempre. Aunque te doliera. Ahora "Nada es para siempre"[33], aunque te desgarre. Sociedad de consumo, todo descartable.

ANDANTE CON MOTO

Podríamos decir que con algunos de los tipos que se cruzan en la vida de una después de tanto buscar, esperar y desesperar, con esos tipos, digo, se inicia algo. Un principio de relación en la que los dos proclamamos que no queremos compromisos. Pero a veces ellos se van dejando tras de sí una sensación de molestia, de desasosiego.

Algo parecido a cuando aparecía la nena en tu cuarto, a las tres de la mañana, a decirte: "Mamita vení que Carlitos gomitó".

FRASES POCO ORIGINALES DE TIPOS QUE SE VAN

Necesito tomar aire. (¿Sos asmático?)

Necesito mi espacio y mi tiempo. (¿Para qué?)

Necesito reflexionar sobre nuestra relación. (Esto, ¿era una relación?)

Necesito meditar. (No sabemos sobre qué.)

No estoy listo para tomar compromisos. (Ni para ninguna otra cosa.)

Necesito reencontrarme conmigo mismo. (Con él, no con vos, no te confundas.)

[33] Canción de Fabiana Cantilo.

Lo mejor sería que nos tomáramos un tiempo. (No es habitual que se aclare cuánto ni para qué.)

Siempre te queda el recurso de tomar la determinación vos. Y te podés ir cantando bajito "Hoy vas a entrar en mi pasado, en el pasado de mi vida".

HABLEMOS DE SEXO

"¡Por fin!", casi grita Carlota, "creí que te ibas a olvidar".

Decido no contestar y soportarla con paciencia.

Tema bravón, éste. Pero no por lo que se piensa a primera vista, sino porque es difícil saber cuál es la realidad.

Después de leer casi todos los informes de Kinsey para acá, pasando por Hite y el Kamasutra, supongo que un experto podría elaborar una teoría. Yo no.

En cambio, me tomo la libertad de reproducir comentarios de las chicas que frecuentemente llegan al borde del ataque de nervios ya sea por carencia aguda o por desilusiones insuperables.

1. "Entre una mala noche y la autosatisfacción (queda como más fino que masturbación, ¿viste?) elijo la segunda", dice Marta. Es una contestación para el horario de protección al menor pero muy valiosa por lo sincera.
2. "No aguanto más, ¿dónde hay un tipo?", dicen varias.
3. "No me faltó demasiado en estos años", dice otra.

"Sí me faltó muchas veces quien me abrazara y me dijera: quedate tranquila, te quiero".

4. "Volver al ruedo es difícil", recuerda una. "A veces todavía vuelvo a sentir el terror que me invadió la primera vez que tuve que desnudarme frente a otro hombre. Mi marido había sido el único".

"Muy difícil, muy bravo", confirma Carlota.

5. "Es divertido variar de vez en cuando", dice sonriente Marta. "¡Aprendés cada cosa!"

6. "A veces los tipos tienen unos rollos...", dice Marta. "Y no en la cintura, en el cerebro. Parece que no

pueden amarte y listo. Se concentran tanto en la erección que se olvidan de estar prolijos, perfumados y tranquilos. Y todavía no saben que a nosotras nos importa mucho el antes y el después".

7. "Hay tipos que parece que hubieran aprendido a hacer el amor por Internet", dice Marta. "Justo ellos que nos preguntan a nosotras si aprendimos a manejar el auto por teléfono. Y encima de todo hay que discutir para que usen forro."

OLOR A HOMBRE EN LA CASA

Cerró la puerta. Apoyada en la pared se quedó escuchando cómo bajaba el ascensor. Oyó el ruido que hacía habitualmente al pasar por el piso nueve. Echó llave, apagó la luz y se ajustó la bata que se le había desatado. El pasillo le pareció eternamente largo. Cuando llegó al cuarto se tiró sobre la cama agotada, sintiéndose como una muñeca de trapo. La situación de unos minutos antes pasó frente a sus ojos y le pareció verlo de nuevo en el espejo mientras le daba vueltas a la camiseta sin acertar con el frente y la espalda. La camiseta estudiadamente negra que resaltaba su color tostado. Los calzoncillos escoceses como proclama de juventud.

Se acordó de cuando le había preguntado qué edad tenía y él había contestado: "Ahora cincuenta y cinco". Nunca nadie le había dicho la edad de esa manera. Ahora cincuenta y cinco y dentro de un rato cincuenta, se le ocurrió pensar. Y en realidad parecía de cincuenta. Y sabía explotar su tipo de galán canoso y tostado. Con las canas justas en los lugares adecuados.

Y de pronto se sintió impregnada de olor a hombre. A macho. Esa mezcla difícil de describir, fusión de piel, Carolina Herrera for men y sexo. Una sensación que volvía desde muy atrás. Casi dos años sin nada parecido.

Apoyó la cabeza en la almohada que él había usado y creyó emborracharse. La abrazó y dejó calmar su respiración mientras olía una y otra vez su delicioso, excitante olor.

"Si querés, la próxima vez me quedo a dormir", le había dicho antes de irse.

De sólo pensarlo la invadía una euforia eléctrica,

bien desde adentro de sus entrañas que todavía sentían un calor olvidado. Imaginó el amor a la noche y a la mañana, el desayuno, el olor de él otra vez en la casa.

Cerró los ojos y se fue durmiendo mientras pensaba que, aunque desapareciera como casi todos ellos, le iba a agradecer hasta el fin de sus días que la hubiera hecho disfrutar y sentir tan mujer de nuevo.

DIÁLOGO NO ESCUCHADO PERO PROBABLE

"Carlos nunca se da cuenta de lo que quiero."

"¿Se lo pedís?"

"No. Si me quiere se tiene que dar cuenta."

"¿¿??"

"Porque si no se da cuenta me siento mal yo. Y si le pido lo que quiero el que se siente mal es él."[34]

Nosotras necesitamos palabras y ellos acción. ¿Quién habrá planeado las cosas?

"Cuando los conocés son amables, divertidos, cariñosos" dice Marta. "Después parecen olvidarse de todo y te llevan a la cama como los tipos de las cavernas".

Somos distintos biológicamente, pero me parece que nos separaron más de lo necesario (si es que era necesario separarnos). Resultado: a la hora de la verdad todavía estamos solos, asustados, inseguros y exigidos. Llegamos a un desencuentro estructural y nadie nos ayuda a aclarar las cosas. Saber que el problema es social y general no nos calma para nada los nervios.

[34] Este tema está muy bien tratado en *Mujeres, la sexualidad secreta*, P. Politzer y E. Weinstein, Ed. Sudamericana Chilena, S. de Chile, 1999.

OTRA VEZ GABO

Entonces él se lo explicó en serio con su método magistral, mientras le llevaba la mano por los sitios que mencionaba, y ella se la dejaba llevar con una obediencia de alumna ejemplar. Él sugirió en un momento propicio que todo aquello era más fácil con la luz encendida. Iba a encenderla, pero ella le detuvo el brazo, diciendo: "Yo veo mejor con las manos". En realidad quería encender la luz, pero quería hacerlo ella y sin que nadie se lo ordenara, y así fue. Él la vio entonces en posición fetal, y además cubierta con la sábana, bajo la claridad repentina. Pero la vio agarrar otra vez sin remilgos el animal de su curiosidad, lo volteó al derecho y al revés, lo observó con un interés que ya empezaba a parecer más que científico, y dijo en conclusión: "Cómo será de feo, que es más feo que lo de las mujeres". Él estuvo de acuerdo, y señaló otros inconvenientes más graves que la fealdad. Dijo: "Es como el hijo mayor, que uno se pasa la vida trabajando para él, sacrificándolo todo por él, y a la hora de la verdad termina haciendo lo que le da la gana". Ella siguió examinándolo, preguntando para qué servía esto, y para qué servía aquello, y cuando se consideró bien informada lo sopesó con las dos manos, para probarse que ni siquiera por el peso valía la pena, y lo dejó caer con un esguince de menosprecio.

"Además, creo que le sobran demasiadas cosas", dijo.[35]

FÓRMULA DE RESCATE

Ayuda tener algún amigo de muchos años para contarle nuestras cuitas. O para escucharlo a él. Lo tenemos cer-

[35] *El amor en los tiempos del cólera*, Gabriel García Márquez, Ed. Sudamericana, Buenos Aires, 1985.

ca y nos acompaña a los casamientos para que no nos suicidemos por tener que bailar con otras mujeres. O nos da una opinión masculina sobre determinados temas. Da resultado. Incluso podemos tener más de uno porque el exceso no es nocivo para la salud y porque es tranquilizante saber que se puede cliquear en preferidos. Es más, es particularmente útil tener uno a mano cuando baja una nube y nos empaña el alma. O sea cuando nos sentimos solas. Lo que nos lleva al poco agradable tema de la soledad.

SOLEDAD ¡CUÁNTOS CRÍMENES SE COMETEN EN TU NOMBRE!

Cuidado. Una parte del problema es que llegás a acostumbrarte a andar sola. Te puede pasar como a Marta que de tanto andar sin un caballero al lado casi mata de un portazo a un divino que la invitó a salir cuando el pobre santo se apuró para abrirle la puerta.

La soledad debería ser un derecho, una necesidad, un lujo. Todo bien, hasta que llega el sábado a la noche y estás en casa y nadie te llama para salir.

Hay otros lugares especiales para sentirse muy sola, como las fiestas de casamiento, los cruceros, la playa de noche con luna, las puestas de sol.

Ellos también están tristes, los mismos días a las mismas horas, pero en sus casas. No nos encontramos. Y todos terminamos sintiendo que andamos por los lugares equivocados. Y nos hartamos de intentar de nuevo.

"Y se supone que ibas a escribir un libro divertido", me recuerda Carlota.

"Sí, tenés razón", contesto, "pero en este momento no me sale."

BREVE ENUMERACIÓN DE CASOS EN LOS QUE SE EXTRAÑA A UN MARIDO

(Esto puede suceder ya que en determinadas situaciones un marido es útil.)

- Cuando hay que destapar una botella de vino o abrir un frasco de tapa al vacío (y el encargado del edificio ya se retiró).
- Cuando no tenés ganas de volver sola, y ya es tarde de noche.
- Cuando diluvia y el estacionamiento queda a tres cuadras.
- Cuando no conocés a un tipo interesante durante varios meses, años, siglos.
- Cuando nadie te pregunta qué hay para comer.

- Cuando nadie te hace ningún trámite, compra, pago.
- Cuando hay que matar una cucaracha.

ENUMERACIÓN NO TAN BREVE DE CASOS EN LOS QUE NO SE EXTRAÑA A UN MARIDO

- Cuando te quedás hasta que se te da la gana en una reunión.
- Cuando prendés o apagás el ventilador o el aire acondicionado según tu temperatura.
- Cuando el baño queda tal cual lo dejaste.
- Cuando nadie te pregunta dónde están las cosas que siempre están en el mismo lugar.
- Cuando nadie te pregunta de dónde venís, por qué llegaste tan tarde o qué hay para comer.
- Cuando te podés cortar o teñir el pelo como te gusta.

- Cuando manejás el auto y podés detenerte a sacar fotos cada vez que tenés ganas.
- Cuando nadie mira el partido cuando vos querés ver la película de Robert Redford.
- Cada vez que te encontrás con tus amigas a la hora que sea.
- Cada vez que vas con ellas a ver películas románticas.
- Cada vez que conocés a un tipo interesante.
- Cuando nadie te despierta con sus ronquidos (siempre que el tipo interesante no ronque).
- Cuando nadie te destapa al darse vuelta en la cama.
- Cuando nadie tira la ropa usada al piso.
- Cuando nadie deja el aro del inodoro levantado.
- Cuando nadie deja el rollo de papel higiénico vacío sin cambiar.
- Cuando nadie deja los diarios diseminados en el piso alrededor de la cama.
- Cuando nadie protesta por la comida.
- Cuando nadie te cuenta las mismas cosas cien veces.
- Cuando nadie te dice que no le gusta tu ropa o tu maquillaje.
- Cuando un hombre que acabás de conocer te adora y te hace sentir una diosa.

CÓMO ESTAMOS

Harto ya de estar harto, ya me cansé/de preguntarle al mundo por qué y por qué./Dejadme en paz.
Joan Manuel Serrat

¿Cómo estamos? Cansadas, aún las de veinticinco.

Hace pocos días, charlando con dos chicas muy jóvenes, les contaba que no sabía qué hacer con un señor

"¿Te produce placer acordarte de tu matrimonio?"
"Sí, es como acordarte de la faja cuando te la acabás de sacar".

que me gusta, pero no bastante para seguir con él, pero no tan poco como para que desaparezca de mi vida; o sea bastante como para ser amigo pero no bastante para ser novio, ¿me entendés?

¿Sabés lo que me contestó una de ellas, de menos de treinta? "Usalo, usalo, no seas tonta, para qué te complicás tanto, si ellos hacen lo mismo. Usalo."

Juro que me hizo sentir de la era terciaria.

Porque nada fue como nos dijeron. El mundo cambió y ya no sirve ser chicas tranquilas y modosas para competir con estas fieras que se destapan a los catorce años. Que seducen a los señores que deberían estar dejándose seducir por nosotras. Y que funciona porque ellas no quieren compromiso y ellos tampoco.

¿Por qué será tan difícil admitir que algunas cosas simple y definitivamente no tienen solución?

Mejor séllese y archívese.

Las generaciones anteriores pasamos buena parte de la vida en el Lecho de Procusto[36] (aunque muchas veces tomara la forma encubierta de una cama king size). La generación actual parece tener camas descartables. Se casan y descasan con una facilidad envidiable. Conviven primero y luego se separan cuando se casan. O sea que se casan para poder separarse.

Igual me dan envidia porque saben ser más libres que nosotras, piden lo que quieren y exigen lo que se merecen. Posiblemente, en términos de estricta hipocresía,

[36] Procusto, bandido mitológico que, tras asaltar a los viajeros, los recostaba en dos lechos de distinto tamaño. Para adaptarlos, a los altos les cortaba los pies, a los bajos los estiraba violentamente.

las cosas hayan mejorado. Pero la situación calza de maravillas con una palabrita alemana deliciosa: *Schlimmbesserung*. Una mejoría que empeora las cosas.

Yo, como dice Woody Allen, en realidad no tengo problemas grandes. Sólo pequeños problemas que me arruinan la vida de gran manera. Debería interrumpir para leer el horóscopo a ver si en los próximos días va a cambiar algo.

Para saber, por ejemplo, si va a aparecer un amor grande, de veras como los de Romeo y Julieta, Abelardo y Eloísa, Mimí y Rodolfo, Violeta y Alfredo.

¿Estará bien que hoy todo sea tan mediático, tan fugaz?

Me lo imagino a Germont, el padre de Alfredo, yendo a la TV para denunciar a su hijo en un talk show. Tema: "Mi hijo anda con una mujer que no me gusta". O a Mimí anunciando su internación en Córdoba para reponerse antes de volver a buscar a Rodolfo.

O a Montescos y Capuletos declarando frente a la conductora: "Reconocemos el derecho de los chicos a ser felices, lo que pasa es que son demasiado jóvenes".

Todo un tema el de la edad.

¿MAYORES O MÁS JÓVENES?

Yo salía del banco. Corriendo, como siempre, cuando se me acercó y me preguntó sonriente si quería tomar un café. Me despertó tanta ternura ese señor de ochenta años bien cumplidos.

"Ibas a escribir viejito...", sostiene Carlota. "Sí, creo que sí", admito.

Siempre lamenté no haber aceptado. Lo que pueden los prejuicios. "¿No podíamos ser amigos?", me pregunté tantas veces después. Y hubiera querido agradecerle porque le hizo bien a mi ego. Hasta que reaccioné y me di cuenta de que yo era para él como la de treinta para los de sesenta. ¿Se entiende la ecuación?

Pero me hizo pensar "¿Por qué no?" si a mí también me gustaría tocar carnes firmes, melenas tupidas, vientres chatos.

CONFESIÓN

Sé que todo va a ser usado en mi contra y que no podré refugiarme en la quinta enmienda.

Sí, salí con alguien más joven. Bastante más joven. Mucho más joven.

Un dulce, atento, cariñoso, educado. Me adoró desde que me vio. Me invitó a cenar y a un boliche después. Tecno, lleno de jóvenes y con un ruido terrible. Y sin el menor problema empezó a apretarme cerca de la barra frente a un barman que, debo reconocerlo, lograba parecer indiferente con gran eficacia.

Unos minutos antes de preguntarme qué hacía yo allí, en esa situación absurda, me tenté. Y no pude controlar la risa. Porque me parecía ridículo todo, todo. Desfilaban ante mis ojos todos los personajes que aparecen en las revistas declarando que se aman y que la diferencia de edad no es problema.

Confieso, no he vivido. No supe qué hacer; porque no pude evitar imaginar qué pensarían sus amigos si nos veían. Y los míos. También me tenté en el auto, cuando

me trajo a casa, pensando que el vigilador de la noche se estaría haciendo una fiesta a través de los cristales.

En conclusión, creo que me perdí un divino por inseguridad, timidez o falta de idioma común. En parte porque con alguien tan joven me resultó difícil no actuar como madre.

Ni siquiera me alcanzó escucharle decir: "Si salí con mujeres quince años menores que yo, ¿por qué no puedo salir con vos?"

¿A mí no, eh? Aunque asome la moda, no me la hacen comprar. ¿Haber logrado sobrevivir la larga, prolongada, interminable adolescencia de mis hijos para entrar en relaciones con un adolescente que busca una mamá porque no logra terminar con su larga, prolongada, interminable adolescencia? No. Te juro que no.

Cambio y fuera.

"Entonces, ¿dónde está el límite, la línea?", pregunta Carlota.

"Y", contesto, "debe estar en los diez años más o menos. Para arriba o para abajo."

Aunque no me parezca justo.

Lo nuestro, digo. Porque suele suceder que si un señor se va con su secretaria veinte años menor todavía está bien visto. Es un rana, un piola[37]. "Era de esperar, con esa mujer insoportable que tenía", dirán sus amigos, varones ellos.

Si una señora hace lo mismo es casi una puta, una guacha[38]. "Mirá que hacerle eso al pobre Carlos", dirán los amigos de él, varones, claro.

Dice Marta: "Yo quisiera un hombre joven de cuerpo y alma, que me ame despacio, con tiempo, suave y fogoso. Preferentemente monógamo por naturaleza, como yo.[39] Que me mire y me vea. Que me oiga y me escuche. Que me consuele cuando esté triste o me duelan los pies, porque yo lo entenderé cuando él sienta que algo no funciona como él quisiera".

"Por *algo*, ¿querrá decir *eso*?", pregunta Carlota.

"Sí, creo que sí, *eso*".

[37] Vivo, digno de admiración, en lunfardo.

[38] Mal nacida en lunfardo.

[39] "El hombre era polígamo por naturaleza y monógamo por cultura y, mientras no hiciera escándalos, tenía permiso para jugar en la calle, como los chicos." /// "Siempre dentro de las etiquetas la mujer es monógama por biología y puede ser polígama por cultura", Horacio de Dios, *Hoy infidelidad hoy*, *La Nación*, 18/07/91.

"Que no le importe nada que mis lolas no sean firmes como las de las veinteañeras que mira por la calle porque yo luciré todo lo que aprendí a hacer con ellas en muchas noches de los últimos treinta años.

"Un hombre siempre listo, como un buen boy scout, para las emergencias emocionales y afectivas. Que me abrace en los días en que siento que voy a estar triste para siempre".

Parece mucho pedir, como están las cosas.

"¿Quedan otros temas?", pregunta Carlota.

"Sí, no hablamos de algo casi ideal. Entremos en tema".

DESCRIPCIÓN DE UNA SITUACIÓN CUASI IDEAL: NOVIOS CAMA AFUERA

Hay una fórmula que muchas mujeres mayores de cuarenta años vemos con entusiasmo.

Tal vez sería más fácil de comunicar si encontráramos un amuleto, como los que usan las mujeres africanas para decir si son casadas o solteras, que explicara nuestro estado civil e ideológico. Yo buscaría un amuleto que significara: no quiero casarme ni en tres meses ni en seis, a lo mejor nunca. Busco a alguien que me acompañe y me quiera para acompañarlo y quererlo sin que el desgaste nos separe. O sea, cada uno en su casa para seguir siendo libres... de la rutina y los daños ocasionados por la convivencia.

En lo posible, regidos por un contrato explícito que, si sirvió para Sartre y Beauvoir, puede servir para nosotros.

Es bueno que el hombre esté solo. Él con sus mañas

allá, vos con las tuyas acá. Son tuyos, sin horarios, el baño, los placares, los chocolates, el control remoto, la computadora, las ganas o no de comer, las ganas o no de dormir.

Y entonces sí, encontrarse a lo puro novio nomás.

Polvo serás, mas polvo enamorado[40].

"Te estás saliendo de contexto", dice Carlota.
"¿Por qué?", contesto sin entender.

EJEMPLO DE CONTRATO

Comparecen, por una parte, Fulano de Tal, atacado de pánico al casamiento, en adelante llamado El Candidato. Por la otra, Menganita de Cual, desesperada por abandonar su soledad, en adelante La Candidata.

Y declaran que: hartos ya de andar buscando amores imposibles y/o de encontrar permanentemente relaciones descartables deciden iniciar una relación del tipo Cama Afuera, en adelante CA.

Ambos firmantes declaran que este contrato se suscribe al solo fin de evitar el desgaste originado por la cotidianidad de determinadas molestias que se enumeran en el apéndice Nº 1.

La relación derivada de este contrato se regirá por las siguientes cláusulas:

[40] Quevedo.

a. Cada uno de los abajo firmantes seguirá viviendo en su domicilio habitual hasta la eventual llegada del día en el que decidan lo contrario.

b. Ambos podrán ocupar alternadamente la vivienda del otro por un período máximo de un fin de semana sin necesidad de modificar cláusula alguna de este contrato.

c. En el caso previsible de que uno de los dos firmantes (o los dos) llegue a hartarse de ir de acá para allá con su bolso, deberán cumplir con un plazo obligatorio de prueba de convivencia prolongada durante un período completo de vacaciones o un viaje a distancia superior a los 400 km. del lugar de residencia habitual.

d. De cumplirse lo especificado en la cláusula *c* los firmantes podrán decidir ir a vivir juntos y/o casarse. En este momento ambas partes se comprometen a recordar que "el matrimonio es la mayor causa de divorcio".[41] Esta cláusula exige consenso total y absoluto del Candidato y la Candidata ante testigos. En caso contrario no tendrá validez alguna.

e. Aún no habiéndose cumplimentado la cláusula *d* de este contrato, los firmantes se comprometen a satisfacer las necesidades afectivas y emocionales de la otra parte en exclusividad.

En prueba de consentimiento se firman dos ejemplares a los... días del mes de... del año...

[41] Groucho Marx.

"Antes de decidirte a convivir te convendría fijarte si Carlos combina con todo lo que tenés en tu casa".

EPÍLOGO

Obnubilado por la rabia no imaginaba que,
como me ocurrió muchas veces en la vida,
obtendría todo aquello que quería
en el momento en que cesaba de pedirlo.
Vittorio Segre[42]

¿QUÉ ES LO QUE BUSCAMOS, ESPERAMOS, QUEREMOS, ANSIAMOS?

En realidad no lo sabemos. Dudamos. Típicamente femenino.

Pero como encontré la situación claramente descripta en el diario la copio para que sepas que, una vez más, somos varias las que nos sentimos igual.

Como dijo sombríamente aquel excéntrico llamado Freud: "¡Mi Dios! ¿Qué quieren las mujeres?" Cuando éramos recolectoras queríamos cazadores. Después quisimos médicos y abogados limpios y bien vestidos en vez de machos alfa hirsutos y semidesnudos. En la década del 60 quisimos la igualdad salarial, la cogestión y las aventuras sin cierre de cremallera. Luego quisimos papás maternales que compartieran la carga de criar a los hijos, cambiarles los

[42] *Memorias de un judío afortunado*, Vittorio Segre, Ed. Gedisa, Buenos Aires, 1989.

pañales y hacer las compras, es decir alfas estilo Alan Alda.

Ahora que hemos afeminado la sociedad y domesticado a nuestros hombres, obligándolos a mirar competencias olímpicas de patinaje artístico y ayudarnos a elegir patrones para estarcido de Martha Stewart, adivinen qué queremos realmente.

Vaqueros. Sí. Hombrones fornidos, rudos, de musculatura ondulante, que no sepan distinguir un Flaubert de un Fauré, ni al rey Lear del Rey León.[43]

¿Qué queremos entonces, al final?

Yo no soy quién, como ya dije, y menos después de todo lo que vengo exponiendo, para sacar conclusiones. Ni para dar consejos, aunque me encanta.

Me parece, sin embargo, que buscamos a alguien con quien empezar de cero. Queremos amor, afecto, sexo, continencia. Pero no bajo una dictadura. Hombres fuertes que nos protejan pero que no nos mandoneen y nos dejen vivir: También hombres cálidos, emotivos, sensibles, pero que no sean unos tarados incapaces de tomar una decisión y nos tiren el paquete a nosotras.

Está claro: para tener un HI la solución es tener dos hombres, como Doña Flor. Esto, claramente, explicaría por qué no los encontramos.

Si vas al kiosco de revistas y mirás qué se ofrece notarás que a las mujeres nos venden unas treinta revistas con manualidades, cocina y moda, pero también llenas de consejos de cómo manejarse con los hombres.

[43] *La bella y la bestia*, Maureen Dowd, *La Nación*, 6/5/99 (traducido de *The New York Times*).

Pero a los hombres... solamente les venden deportes, economía, política, mecánica o informática. Aparentemente, cuando quieren decirles algo personal les ofrecen mujeres desnudas. Esto es algo bastante personal, pero no les sirve para entender cómo es la vida. ¿De dónde van a sacar ellos consejos tan útiles como los que nos dan a nosotras? ¿Cómo pueden enterarse de lo que piensan las mujeres ellos que, por una característica de la especie, casi nunca escuchan cuando les hablan?

"Eso, cómo hacemos", pregunta nerviosa Carlota.

"Incorporando el valiosísimo aporte que sigue a la mejor relación entre los sexos", contesto.

MACHETE INDISPENSABLE PARA EL BOLSILLO DEL CABALLERO

(O sea lo que nos gusta a nosotras, si no les molesta que lo digamos).

A cambio, les pedimos que nos informen dónde están. Esto implica salir a la luz. Cuando llegue el feliz día en que los veamos circulando por las calles, como nosotras, prometemos no pensar que son gays o incapaces de levantarse una mina.

A las mujeres nos gusta que:

- No nos manipulen la vida, pero sí que decidan los pequeños detalles.
- Nos mimen, nos abracen, nos consuelen.
- Nos inviten a pasear, a caminar, a comer.
- Nos agasajen, nos regalen flores, nos digan que nos aman.
- Saquen entradas para el cine sin preguntarnos.
- Nos cuenten sus secretos. Porque nosotras igual sabemos que los tienen.
- Nos llamen después de una salida, de un café hasta las cuatro de la mañana o de una noche de amor.
- Nos dejen malcriarlos porque nos gusta saber que alguien nos espera para eso.
- Nos digan que somos lindas.
- Empezar siendo amigos para ver qué pasa, sin peros ni sin embargos.
- Las actitudes románticas. Nosotras escuchamos a Alberto Cortés cuando canta "Te llegará una rosa cada día/Que medie una distancia entre nosotros..."
- Escuchen lo que nos pasó en un mal día.
- Nos abriguen con su saco.

- Entiendan que estamos todos igual de solos y que es hora de dejarse de dar tantas vueltas.
- Nos den la gran vida. La vida normal nos la damos nosotras mismas. Nos arreglamos bastante bien trabajando un montón.

"Podrías aclarar qué es la gran vida", sugiere Carlota.

"Sí, las excepciones como las rosas (¿O existe algo más deprimente que comprar rosas para una misma?, pregunto yo que amo tener la casa llena de flores), o perfumes para usar con ellos, los mimos especiales, bah. Y en lo emocional, el abrazo, el sentir que piensan en nosotras y que comparten sobre todo nuestras alegrías. Que las penas nos las bancamos solas, en la cama y con la cabeza tapada", contesto verborrágica.

- Sean generosos. Porque muchas, pero muchas, muchas, aprendimos que casi siempre el hombre que es generoso en lo material lo es con los sentimientos. Y uno de los lugares en donde la generosidad luce con más brillo... es en la cama.
- Nos respeten pero sin exageraciones. Lo que no sé es cómo sugerir una medida justa.
- Nos pregunten por los hijos y/o los nietos (aunque tengan que aguantarse mirar las fotos).
- Lloren porque nos parece tierno, humano. Aunque ya sepamos que las mujeres lloran mejor.
- No nos traten como si siempre fuéramos fuertes. Parecemos fuertes de tanto tratar de ser como ellos.
- Charlen antes y después de.
- Sepan abrir la puerta para ir a jugar.
- No usen más el modelo "Yo Tarzán-Tú Jane". Eso

funcionaba cuando se almorzaba mamut.

- Nos quieran aunque no sepamos nada de fútbol.
- Nos dejen mirar vidrieras. Para nosotras eso es salir a caminar.
- Nos hagan sentir aunque más no sea el aroma del compromiso.

"Si lo que menos quieren es compromiso", insiste Carlota. "Se lo escuché decir a Moria en el programa de Mirtha".[44]

"¿Ella también dice eso?", pregunto espantada.

Querida lectora: sacá una hoja. No es para prueba escrita, sino para que hagas tu propia lista. Para que veas en negro sobre blanco cuáles son tus prioridades, gustos o exigencias mínimas, lo que se negocia y lo que no.

¿A que hace rato que no te parabas a pensar qué cosas querés vos que sos la única que sabe dónde te aprieta el zapato?

Lo que es a mí, nadie me había sugerido algo tan sencillo.

SENCILLAS ANOTACIONES PARA LA CARTERA DE LA MUJER

De una breve encuesta casera saqué unas pocas conclusiones elementales de lo que les pasa a ellos.

- Temen al rechazo (igual que nosotras, che).
- Les resulta difícil entendernos (no sé por qué, si somos tan claritas).

[44] Moria Casán, actriz argentina. Mirtha Legrand, actriz y conductora de almuerzos por televisión.

- No les gusta contar lo que les pasa ni revelar sus emociones (nada nuevo, sorry).
- Les gusta tomar las iniciativas (principalmente en el área de la horizontalidad).
- Las nenas creemos que podemos ser amigos, los nenes no. Aunque como ya dijimos, demasiado amigos tampoco sirve, los que clasifican para esa categoría no salen nunca más.
- No les gusta dejar mensajes en el contestador.
- No se fijan en los detalles, que para nosotras son fundamentales.
- El amor para ellos no es vida o muerte como para nosotras.

No es fácil decodificar las nuevas relaciones. Sabemos que nos necesitamos y no encontramos dónde encontrarnos.

APÉNDICE INELUDIBLE CON UN FINALE ALLEGRO MA NON TROPPO

Todavía estoy aprendiendo.
Lema de Miguel Ángel Buonarroti

Decime, ¿vos creías realmente que yo te iba a dar una solución, una fórmula?

No, mi amor, esto no es un manual práctico. Es un estudio filosófico y sociológico, un aporte profundo a la claridad de las ideas. No sé de quién. Las mías ciertamente no, ya que estoy poco más o menos igual que cuando escribí la primera página de este libro.

Pero conservo el optimismo.

Y termino acá mismo porque salgo una vez más a tratar de encontrar al hombre de mi vida. A ver si se me da ese momento de magia, el algo en la mirada, esa misma frecuencia inconfundible que no es ni AM ni FM. Alguien a quien decirle: *Si te quiero es porque sos/ mi amor, mi cómplice y todo/ y en la calle codo a codo/ somos mucho más que dos.*[45]

Eso sí, esta vez, voy con todos los machetes en la cartera.

"Chau", dice, breve, Carlota.
"Chau", contesto.

[45] "Te quiero", en *Antología poética*, Mario Benedetti, Ed. Sudamericana, Buenos Aires, 2000.

ÍNDICE

CAPÍTULO VII

A continuación tenés algunas páginas libres para escribir tu propio machete, único y personal. O la lista de requisitos que esperás encontrar en el hombre de tu vida cuando aparezca. O la lista de películas que querés alquilar el sábado a la noche si no aparece.

♥ ....

♥ ....

♥ ....

♥ ....

♥ ....

♥ ....

♥ ....

♥ ....

♥ ....

♥ ....

♥ ....

♥ ....

♥ ....

♥ ....

Esta edición de 3.000 ejemplares
se terminó de imprimir en
Kalifón S.A.,
Humboldt 66, Ramos Mejía, Bs. As.,
en el mes de septiembre de 2006